„Endlich Führungskraft!" macht Lust darauf, als Führungskraft zu arbeiten. Manuela Sykstus und Dieter Laux geben aus ihrer langjährigen Berufspraxis als Führungskräfte zahlreiche Hilfestellungen, das unbekannte Terrain zu verstehen und Fehler zu vermeiden. Offen, authentisch und kritisch nimmt das Buch den Leser mit auf die unterhaltsame Reise durch die vielschichtige Arbeitswelt.

Dieter Laux, Manuela Sykstus

Endlich Führungskraft!

Ein Ratgeber für Ein- und Umsteiger

Bibliografische Information der Deutschen Nationalbibliothek: Die Deutsche Nationalbibliothek verzeichnet diese Publikation in der Deutschen Nationalbibliografie; detaillierte bibliografische Daten sind im Internet über dnb.dnb.de abrufbar.

Herstellung und Verlag: BoD - Books on Demand, Norderstedt

ISBN: 978-3-7494-8585-7

Die Autoren:

Manuela Sykstus (Leitende Regierungsdirektorin)

Manuela Sykstus hat direkt nach dem Studium der Verwaltungswirtschaft ihr erstes Führungsamt in einer Stadtverwaltung übernommen. Nach dem Studium der Rechtswissenschaften und anschließendem Referendariat arbeitete sie in Wirtschaftskanzleien und in verschiedenen Ressorts der Landesverwaltung. Ihre akademische Laufbahn vervollständigte sie mit dem Masterstudium der Arbeits- und Organisationspsychologie.

Die größte Herausforderung ist für sie, vor dem Hintergrund der stetig wachsenden Herausforderungen durch Digitalisierung, demographische Entwicklung und immer komplexer werdende Prozesse Menschen zu führen. Der Faktor Mensch ist eine Herausforderung und macht das (Arbeits-)Leben nie langweilig!

Dr. Dieter Laux (Regierungsoberrat)

Dr. Dieter Laux hat seine Führungslaufbahn in der Polizei begonnen. Er leitete kleine Polizeieinheiten in unterschiedlichen Einsatzgebieten. Dabei machte er bereits Erfahrungen mit Menschen in Grenzsituationen. Dass es in der Büroarbeit nochmals schwieriger sein könnte, musste er bei seinen Aufgaben in Zentralbehörden der Polizei und bei Projektaufgaben für die gesamte Hessische Landesverwaltung feststellen. Hier kann das „Überleben" als Führungskraft deutlich schwieriger sein.

Sein persönliches Glück bestand darin, dass er immer wieder auf Führungskräfte getroffen ist, die es gut mit ihm gemeint haben. Sie haben ihn in die herrschenden Dynamiken der jeweiligen Arbeitswelt eingeführt.

Dieses Wissen möchte er weitergeben und freut sich deshalb, dass es von Teilnehmenden bei Beratungen und in Seminaren für den öffentlichen Dienst sowie der Wirtschaft gleichermaßen erfragt wird und jetzt auch in Buchform vorgelegt werden kann.

Beide Autoren arbeiten seit vielen Jahren in derselben Landesverwaltung und hatten bereits das Vergnügen, nicht nur privat, sondern auch beruflich zusammenzuarbeiten. Bei ihrer Zusammenarbeit haben sie gemerkt, dass sie im beruflichen Alltag oft ähnliche Erlebnisse haben.

In ihrer Seminar- und Ausbildungsarbeit verwenden beide zahlreiche Beispiele aus ihrer beruflichen Praxis und durften dabei die hohe Nachfrage nach Literatur zu diesem Thema erfahren. So hat über die Jahre ihr Plan, ihr Wissen gemeinsam in einem Buch zusammenzutragen, Gestalt angenommen.

Und da es beide Autoren auf mittlerweile 70 Jahre Berufs- und Führungserfahrung bringen, war es an der Zeit, diese Erlebnisse und Erkenntnisse für den geneigten Leser zusammenzutragen.

Inhaltsverzeichnis

Inhaltsverzeichnis I

Vorwort der Autoren 1

Vorwort von Peter Schmidt 3

Das kleine 1x1 für Führungskräfte 5

1 - Die ersten Tage am neuen Arbeitsplatz 7

2 - Vom Sachbearbeiter oder Berufseinsteiger zur Führungskraft 19

3 - Du bist nicht alleine! 28

4 - Dein Weg ist der richtige! 34

5 - Learning by doing! 37

6 - Setze Dir Ziele! 40

7 - Ziele sind veränderbar! 44

8 - Sieh Dich als (sinnvollen) Teil des Systems! 53

9 - Vertraue Dir! 59

10 - Gehe sorgsam mit Dir um! 62

11 - Kritik kann unbegründet sein, na und? 67

12 - Achte auf „Führung von unten"! 70

13 - Suche Verbündete und Vertraute! 73

14 - Finde Deine Definition von „Erfolg"! 76

15 - Karriere ist nicht vorhersehbar 80

16 - Sei veränderungsbereit! 89

17 - Löse Dich von Aufgaben! 93

18 - Finde eine professionelle Distanz! 97

19 - Du kannst zur falschen Zeit am falschen Ort sein 103

20 - Es könnte publik werden! 109

21 - Es könnte sich gegen Dich richten 113

22 - Früher oder später kriegen sie Dich! 116

23 - Tritt für Dich ein, aber kämpfe keinen aussichtslosen Kampf! 119

24 - Suche Dir professionelle Unterstützung! 125

25 - Bleibe gesund! 128

26 - „Kaputt machen" oder „kaputt gemacht werden"! 131

27 - Schließe Frieden! 134

28 - Mache den Realitätscheck! 135

29 - Stärke Deine Stärken! 137

30 - Verzeihe Dir Deine Fehler und auch die der anderen! 139

31 - Beobachte! 141

32 - Verliere nie die Kontrolle! 143

33 - Du darfst nicht lügen! 146

34 - Du solltest nicht immer alles sagen, was Du weißt 148

35 - Bleibe authentisch! 153

36 - Bleibe transparent und vorhersehbar! 156

Zum Schluss: Die Geschichte vom Hamster 159

Was noch zu sagen wäre... 165

Vorwort der Autoren

Was gibt es in der Arbeitswelt Schöneres als mit Menschen zusammenzu-arbeiten? Was gibt es Herausforderndes, als deren Vorgesetzter zu sein?

Nichts!

Musst Du diesen Weg alleine gehen?

Nein!

Wir möchten Dir helfen, mögliche Probleme bereits vorher auszumachen und auch aus schwierigen Situationen ohne Schaden herauszukommen.

Wir haben die Dinge alle erlebt, über die wir schreiben, und uns auch im Laufe der Jahre dieselben Fragen gestellt. Wir waren so manches Mal ratlos, haben auch Fehler gemacht und dennoch gute Antworten gefunden und aus unseren Fehlern gelernt.

In der gemeinsamen Arbeit an diesem Buch haben auch wir feststellen dürfen, wie sehr sich unsere Erlebnisse ähneln, auch wenn wir mit unterschiedlichen beruflichen Werdegängen in völlig unterschiedlichen Organisationen arbeiten und in den letzten Jahrzehnten gearbeitet haben. Wir durften erfahren, wie hilfreich es ist, sich auszutauschen und am Erlebten des Anderen lernen zu dürfen. Es kann in schwierigen Phasen sehr tröstend sein zu sehen, dass auch die Anderen vergleichbare Erfahrungen machen und ähnliche Schwierigkeiten bewältigen müssen.

Unser Buch soll Dir helfen, ehrliche Antworten auf Deine Fragen zu bekommen. Du wirst aus all Deinen Erfahrungen und Erlebnissen gestärkt hervorgehen und Dich im Laufe der Jahre als Führungskraft besser kennen und auch schätzen lernen, mit all Deinen Stärken und Schwächen.

Dabei wünschen wir Dir alles Gute!

Noch ein Wort des Dankes:

Sehr herzlich bedanken wir uns bei dem ehemaligen Rektor der Hochschule für Polizei und Verwaltung (HfPV) in Wiesbaden, Peter Schmidt. Er ist seit langer Zeit in der Thematik Führung sowohl als Führungskraft als auch Dozent aktiv. Deshalb freute es uns besonders, dass er sich die Zeit für ein Vorwort zu diesem Buch genommen hat.

An dieser Stelle bedanken wir uns bei Corina Gombel, die uns in der Vorbereitung der Herausgabe tatkräftig unterstützt hat.

Auch bei den hier nicht namentlich genannten Führungskräften und allen Mitarbeiterinnen und Mitarbeitern, die uns bei unserer persönlichen Entwicklung in unserem Berufsleben geholfen haben, möchten wir uns bedanken. Sie haben uns einen wichtigen Baustein für das Verstehen der Arbeitswelt und damit auch eine Richtung für unsere Karrieren gegeben.

Dr. Dieter Laux und Manuela Sykstus   im September 2019

Vorwort von Peter Schmidt

Liebe Leserin und lieber Leser,

die langjährige Beziehung zu beiden Autoren dieses Buches, das Sie gerade in Ihren Händen halten, hatte sicher entscheidenden Anteil daran, dass mir die Gelegenheit vergönnt ist, den kommenden Kapiteln einige Gedanken aus meiner persönlichen, nunmehr auch schon annähernd 30 Jahre umfassenden Führungserfahrung, davon über 20 Jahre im höheren Dienst von Polizei, Hochschule und Ministerium, voranzustellen. Erfahrung, die sich nicht immer mit dem deckt, was die beiden Autoren beschreiben, jedoch andererseits in einem manchmal geradezu verblüffend hohen Maße Bilder entstehen lässt, die plötzlich so klar sind, als hätte ich das Ganze gerade gestern erst erlebt. Oder etwa gar überlebt?

Der bekannte französische Schriftsteller Antoine de Saint-Exupery hat einmal gesagt, dass ein Führender jemand sei, der die anderen unendlich nötig hat. Das war vor gut 80 Jahren. Fünfzig Jahre später reagiert an der damaligen Polizeiführungsakademie in Münster ein erfahrener Polizeiführer der Berliner Schutzpolizei mit schierem Unverständnis auf meine Idee, dass auch bei der Kriminalpolizei geführt würde. Nur eben anders… Anders??? Und weitere zwanzig Jahre später reifen die ersten Gedanken, dass auch das „F" wie Führung in UA FEK[1], und nicht nur das „E" (Einsatz) oder „K" (Kriminalitätsbekämpfung), einer umfassenden und kontinuierlichen Betrachtung bedarf. Momentaufnahmen zwar,

---

[1] Der Unterausschuss Führung, Einsatz und Kriminalitätsbekämpfung (UA FEK) ist ein dem Arbeitskreis II (AK II) - Innere Sicherheit (u. a. Gefahrenabwehr, Bekämpfung des Terrorismus, Angelegenheit der Polizei) zugeordneter Ausschuss. Der AK II wiederum ist der Ständigen Konferenz der Innenminister und -senatoren der Länder, kurz Innenministerkonferenz (IMK), nachgeordnet.

gleichwohl aber Indiz dafür, dass Führung zwar wandelbar und veränderlich ist, aber immer auch vorhanden: So wie die Organisationen und die in Ihnen geführten und führenden Menschen.

Manuela Sykstus und Dieter Laux haben dieses wechselvolle Führungsgeschäft in ihrem Buch portionsgerecht und lebensnah aufbereitet. Manchmal heiter, nicht selten aber – gerade für junge Führungskräfte – vielleicht erschreckend offen, authentisch und kritisch, aber niemals hoffnungsleer. Und immer getragen von der Vorstellung, dass Räder nicht neu erfunden werden müssen, es aber hilfreich ist, wenn man weiß, wie sie sich drehen oder noch besser: man sie dreht, wenn man endlich Führungskraft sein kann.

Liebe Manuela, lieber Dieter,
wie schreibt ihr doch gleich? „Leider vergessen es viele Führungskräfte, sich einfach mal zu bedanken." In diesem Sinne Danke, dass ihr mir dieses Vorwort ermöglicht. Es freut mich und macht mich stolz zugleich…

Peter Schmidt im August 2019

Das kleine 1x1 für Führungskräfte

Als Führungskraft eingesetzt zu werden, gehört zu den großen Erlebnissen im Berufsleben. Diesen Moment der Freude solltest Du auskosten. In der Folgezeit wird Dir klarwerden, welchen Preis Du für diesen Erfolg zahlen musst. Die Erkenntnis, dass Führungskraft sein auch Schattenseiten hat, wird kommen! Aber sei beruhigt, diese Erkenntnis muss jeder sammeln, der auf längere Dauer als Führungskraft eingesetzt wird.

Führungskraft sein hat aber auch viele schöne Seiten. Dazu gehört nicht nur das eher seltene Lob von den eigenen Vorgesetzten. Vielmehr ist es das kleine 1x1 für Führungskräfte, das einem helfen kann, das Dasein als Führungskraft einerseits zu genießen und andererseits zu ertragen.

Was ist Führung?

Das Gabler Wirtschaftslexikon (www.wirtschaftslexikon.gabler.de) definiert Führung als eine „durch Interaktion vermittelte Ausrichtung des Handelns von Individuen und Gruppen auf die Verwirklichung vorgegebener Ziele. Sie beinhaltet asymmetrische Beziehungen der Über- und Unterordnung".

Was wird von einer Führungskraft erwartet?

Eine Führungskraft soll sowohl über eine hohe Fachkompetenz verfügen als auch soziale Spitzenleistungen zeigen. Dazu gehört es, das eigene Personal zu motivieren, zu inspirieren und wertzuschätzen.

Warum muss eine Führungskraft „geheime Spielregeln" kennen?

Eine Führungskraft muss die geschriebenen Regeln ihrer Organisation kennen und auf deren Einhaltung hinwirken. Aber Vorsicht, es gibt auch „geheime Spielregeln"! Diese Spielregeln sind wesentlich effektiver als die schriftlichen, weil ihnen von Deinem Umfeld viel mehr Bedeutung zugemessen wird.

Ein Beispiel: „Gehe nicht zu Deinem Fürst, wenn Du nicht gerufen wirst!".

Handelt Dein Personal nach dieser Maxime, wird es schwer für Dich, Problemstellungen des Alltags zu erkennen.

Oftmals entstehen Probleme langsam und sind für eine Führungskraft in den Anfängen nur schwer erkennbar. Werden sie konkreter, hast Du als Führungskraft im Regelfall bereits ein Problem, das Du lösen musst.

Hat Dein Personal nicht den Antrieb, Dir die Probleme schon in der Entstehung erklären zu wollen, werden Dir diese Infos fehlen.

Kann ich unangenehme Erfahrungen vermeiden?

Schön wäre es, wenn man unangenehme Erfahrungen nachlesen und sie dadurch vermeiden könnte. Die Realität sieht allerdings anders aus.

Wie kann mich dieses Buch unterstützen?

Es kann helfen, sich der Problemstellungen einer Führungskraft bewusst zu sein und sich der Themen zu stellen. Dabei wirst Du als Führungskraft irgendwann feststellen, dass nicht jede Handlung des Umfelds sachorientiert ist. Manchmal musst Du Auseinandersetzungen führen, die Du nicht willst. Auch lässt es sich manchmal nicht vermeiden, als „zweiter Sieger vom Platz zu gehen", obwohl man glaubt, sachlich alles richtig gemacht zu haben.

1 - Die ersten Tage am neuen Arbeitsplatz

Es geht los, Du bist Führungskraft!

Vor dem 1. offiziellen Arbeitstag

Wir raten Dir, Dich nicht unnötig verrückt zu machen. Bereits durch die Vorbereitung auf das Vorstellungsgespräch bist Du über die Organisation bestens informiert und es ist jetzt nicht an der Zeit, darüber hinaus noch Informationen einzuholen.

Sieh' dem 1. Arbeitstag entspannt und mit Vorfreude entgegen. Nutze die Tage vorher vielleicht noch dazu, mit Deiner alten Arbeitsstelle abzuschließen und gönne Dir – wenn möglich – noch ein paar Tage Pause, in Vorbereitung und in Vorfreude auf den Neuanfang.

Tag 1

Flau im Magen? Ja, das ist ein gutes Zeichen.

Wenn Du vorher schon mal „etwas zu sagen" hattest, ohne offiziell Führungskraft zu sein, war das eine prima Sache. Du durftest Entscheidungen treffen, ohne dafür selbst Verantwortung zu tragen.

Das ist jetzt vorbei, Du bist „im Amt".

Schon beim Ankommen spürst Du die Veränderung. Vorher warst Du es als Sachbearbeiter gewohnt, dass man Dir durchaus freundlich gegenübergetreten ist, Dich aber auch nicht immer so wahrgenommen hat, wie Du es Dir gewünscht hättest.

Das ändert sich jetzt.

Die Augen richten sich auf Dich. Die Führungskraft ist angekommen. Wie wird sie wohl sein? Früher hast Du das jedes Mal gedacht, wenn ein neuer Chef gekommen ist. Jetzt schaut Dich alles an und sieht: den Chef.

Es ist fürchterlich, wenn man diese Blicke nicht gewohnt ist.

Tja, einerseits bist DU jetzt der Chef, andererseits bist Du aber auch ein Azubi. Außer, dass Du jetzt „das Sagen" hast, weißt Du möglicherweise gar nicht viel über Deine Organisation.

Du musst jetzt Dein Ankommen organisieren oder ein Stück weit „über Dich ergehen lassen". Oftmals ist die Freude Deiner Mitarbeiter, mit einem neuen Chef arbeiten zu können, größer als die Befürchtung über dessen Persönlichkeit.

Man wird nämlich schon alles für Dich vorbereitet haben. Dein Büro ist fertig, das Türschild trägt Deinen Namen und vielleicht sogar Deine Funktion und Du findest Deinen Arbeitsplatz ausgestattet vor.

Ist das nicht so, wäre das die leichtere Aufgabe. Immerhin hat Dich etwas qualifiziert, um als Führungskraft ausgewählt zu werden. Dazu gehört vermutlich auch ein gewisses Maß an Organisationstalent. Also machst Du einfach nur das, was Du vorher gemacht hast und besorgst Dir die notwendige Infrastruktur selbst.

Sei bitte nicht enttäuscht, wenn man Dir keinen „großen Bahnhof" macht oder jetzt erst zu merken scheint, dass Du hier anfängst zu arbeiten. Da ticken alle Uhren etwas anders und es hat in der Regel nichts mit Dir zu tun. Halte Dich mit Forderungen zurück und organisiere erst einmal nur das Nötigste – alles andere wird sich geben.

Tja, „umsorgt" zu werden, kommt häufiger vor und ist schwer zu verkraften, wenn man es nicht gewohnt ist. Machst Du jetzt in alter Gewohnheit alles selbst, werden Deine Mitarbeiter glauben, Du hättest kein Vertrauen in sie. So wie Du früher auch, sind sie es gewohnt, alles für die Führungskraft zu tun.

Also musst Du Dich bereits am ersten Tag umstellen, falls Du nicht sofort Konflikte provozieren möchtest.

Natürlich wird Dir niemand sagen, dass ihm Dein Verhalten nicht gefällt. Aber spätestens, wenn Du Vertrauen einforderst, wird Dich dieses frühe „Fehlverhalten" wieder einholen. Dir werden Deine Mitarbeiter reserviert und zurückhaltend vorkommen.

Und bevor Du Dich fragst „Was ist denn mit denen los?":

Du bist selbst schuld!

Also gebe Dir einen Ruck und lasse Dich „umsorgen". Man zeigt Dir Deinen Arbeitsplatz und dessen Ausstattung. Oftmals sind die Beteiligten ganz stolz darauf, dass sie das für Dich so geschafft haben. Dein Problem besteht aber darin, dass Du dieses Besondere gar nicht erkennen kannst.

Jetzt liegt es an Dir, wie Du reagieren möchtest. Bist Du „ehrlich" und fragst sogar nach, was daran besonders sein soll, wirst Du Enttäuschung ernten. Auch das wird Dich demnächst wieder einholen.

Jetzt kommt der Moment der „Wahrheit".

Bereits an Deinem ersten Arbeitstag musst Du entscheiden, ob Du etwas schauspielern möchtest. Diese Entscheidung wird Dich ab jetzt in Deinem Berufsleben als Führungskraft begleiten. Du solltest nicht lügen, denn das finden Deine Mitarbeiter früher oder später heraus. Der Schaden, den Du damit verursachst, wäre immens.

Du kannst Dich aber interessierter zeigen als Du Dich fühlst. Sei neugierig, lasse Dir alles bereitwillig erklären. Das zu Anfang Unangenehme dabei ist, dass Du als die neue Führungskraft leider total inaktiv bist.

In dieser Rolle bist Du der Zuhörende, während alle anderen reden. Das hättest Du Dir eigentlich anders vorgestellt. Aber, wenn Du dieses Zuhören am ersten Tag schaffst, hast Du einen prima Einstieg geschafft. Und es ist auch spannend, alles von außen zu beobachten und die neuen Eindrücke, Menschen und die Atmosphäre auf sich wirken zu lassen.

Und Achtung: Halte Dich mit Vergleichen zu Deiner alten Arbeitsstätte zurück, egal ob im Positiven oder im Negativen!

Wir sind alle versucht, Parallelen zu ziehen und zu zeigen, wie man mit den Dingen umgehen kann. Sei unbesorgt, es kommt noch früh genug der Moment, in dem Du Dein Wissen und Deine Fähigkeiten unter Beweis stellen kannst.

<u>Tag 2</u>

Es wird konkreter. Du beginnst Dich in die Organisationsabläufe einzufinden und sagst zumindest möglichst jedem Mitarbeiter „Hallo!", damit man Dich wahrnimmt.

Jetzt werden auch die ersten Entscheidungen zu treffen sein.

Wenn es normal läuft, musst Du einfach nur Standardvorgänge mitzeichnen bzw. unterschreiben. Aber eigentlich hast Du noch gar keine Ahnung von den Vorgängen.

Kannst Du die einfach so abzeichnen?

Früher hast Du ein umfassendes Wissen über Deine eigenen Vorgänge gehabt. Die hast Du Deinem Chef immer genau erklärt. Wenn Dein Chef keine Erklärung haben wollte, bist Du immer davon ausgegangen, dass er ein umfassendes eigenes Wissen hat und nicht weiter informiert werden musste.

Das war ein Trugschluss!

Dein Chef konnte gar nicht so viel Wissen haben, dass er das alleine hätte bearbeiten können.

Aber wie hat er das nur gemacht?

Ganz einfach: Er hat Dir in die Augen geschaut, Dir die eine oder andere Kontrollfrage gestellt und im Ergebnis das Gefühl gehabt, dass Du den Vorgang beherrscht.

Auf dieser Basis und einer oberflächlichen Kontrolle hat er unterschrieben. Und wenn Du Chefs kennst, die das nicht so machen, wirst Du auch feststellen, dass sie völlig überlastet sind und mit ihrer Arbeit nicht nachkommen.

Aber es ist nicht wichtig, wie es als Sachbearbeiter bei Dir gelaufen ist.

Du bist jetzt Chef!

Alle Augen sind auf Dich gerichtet.

Wie entscheidest Du Dich? Möchtest Du jeden einzelnen Vorgang bis ins Kleinste verstehen? Wenn ja, brauchst Du viel Zeit und Dein Personal viel Geduld. Dann kannst Du weder am zweiten noch an einem der nächsten Tage mit ruhigem Gewissen die Vorgänge unterzeichnen.

Bist Du allerdings eher ein Mensch, der es auch mal mit Vertrauen versucht, wirst Du Dich beraten lassen und gerade die Standardvorgänge ohne Bedenken erstmal unterschreiben.

Aber Vorsicht: Lass' Dir die nötige Zeit – Deine Mitarbeiter sollen nicht den Eindruck bekommen, dass Du ungeprüft alles abzeichnest. Dir sind die Fälle wichtig und die Entscheidungen müssen auf einer fundierten Grundlage getroffen werden und das solltest Du auch vermitteln.

Die 100 Tage-Regel

Du kennst diese Regel bestimmt auch. Man lässt üblicherweise einer neuen Führungskraft 100 Tage Zeit, um den Bereich kennenzulernen. Danach wird erwartet, dass man als Führungskraft Änderungen herbeiführt und die Organisation mit dem nötigen zeitlichen Vorlauf nach eigener Vorstellung formt.

Du brauchst also nicht die nächsten Tage dazu verwenden, um „alles auf den Kopf zu stellen".

Lass es lieber!

Man würde es Dir nicht positiv „ankreiden", wenn Du ohne Sachverstand und Erfahrung tradierte und eingeschwungene Wege änderst. Und unterschätze dabei nicht, dass Dein Vorgänger und möglicherweise auch Dein Vorgesetzter dies auch als Kritik an der eigenen Arbeit verstehen könnten.

Und es ist eine Kunst, Veränderungsprozesse in Organisationen erfolgreich zu gestalten: Oft überfordert man sein Umfeld, wenn man eine größere Geschwindigkeit an den Tag legt als die bisher gewohnte oder die durch die Mitarbeiter handhabbare. Hier gibt es auch abhängig vom jeweiligen Organisationstyp sehr unterschiedliche Geschwindigkeiten. Das macht es für eine neue Führungskraft notwendig, das neue Arbeitstempo erst einmal in sich aufzunehmen.

Und nichts ist frustrierender, als zu merken, dass man mit allen schönen Ideen für Veränderungen ins Leere läuft, weil man keine Mitarbeiter motiviert bekommt, diese mitzugehen.

Denke daran, Du kannst Veränderungen so gut wie nie völlig allein umsetzen. Du brauchst Verbündete und Mitstreiter.

Versuchst Du es allein, werden Deine Mitarbeiter, ob bewusst oder unbewusst, versuchen, dagegen anzuarbeiten.

Das System ist sensibel und nicht immer veränderungsbereit, vor allem, wenn die Vorteile des bisherigen Systems auf der eigenen Seite gelegen haben. Dann versucht der Mensch in der Regel, diesen Vorteil zu erhalten und nimmt dafür auch Diskussionen und Reibungsverluste in Kauf.

Hier lohnt es sich nicht, permanent dagegen angehen zu wollen und auch gegen Widerstände zu arbeiten. Der Krafteinsatz ist viel zu hoch, das Ziel kaum zu erreichen.

Agiere mit Augenmaß und vorausschauend, suche Dir Helfer!

Anders verhält es sich natürlich, wenn Du gezwungen bist, Veränderungen durchzusetzen. Dann hilft nur die transparente Kommunikation und ein durchdachter Ablaufplan – ein Zuwarten ist nicht empfehlenswert, wenn sich die Verzögerung gegen Dich wenden könnte und Du an dieser Stelle zur Verantwortung gezogen werden kannst.

Wenn Du mal Dein drittes oder viertes Führungsamt bekleidest, wird man eine schnelle Änderung erwarten. Bist Du möglicherweise wegen Deiner starken Reputation geholt worden, müsstest Du sofort Änderungen vornehmen.

Aber erinnere Dich bitte daran: Du bist im ersten Führungsamt angekommen.

In Führungskreisen wird man Dich als „Frischling" sehen. Niemand wird Dir „Steine in den Weg legen" wollen. Im Gegenteil, man möchte den „Anfängern" helfen. Jeder von uns hat mal so angefangen. Also nimm die Hilfe an und schaue Dich erstmal um.

Schaffst Du es in weniger als 100 Tagen, dann kannst Du natürlich auch vorher mit Veränderungen anfangen.

Die zweite Woche

Du hast Dich etwas eingefunden und die Blicke in Deine Richtung tun nicht mehr ganz so weh. Dass jeder zu Dir kommt und Dir das Gefühl gibt, Chef zu sein, daran kann man sich ja noch gewöhnen.

Aber wenn man zu Dir auch noch „Chef" sagt, fühlt sich das fremd an. Am Anfang fragt man sich: „Meint der wirklich mich?". Aber auch daran gewöhnst Du Dich.

Es wird jetzt Zeit, die erste Besprechung mit Deinen Mitarbeitern anzusetzen.

Sie sollen den Chef „in Aktion" sehen und näher kennenlernen.

Nein, kumpelhaft geht gar nicht!

Du bist der Vorgesetzte und Deine Mitarbeiter erwarten von Dir, dass Du Dich auch so verhältst.

Wenn Du jetzt nett und kumpelhaft rüberkommen möchtest, wirst Du die guten Mitarbeiter „verprellen". Sie erwarten Professionalität von Dir. Dazu gehört auch das Chef sein.

Ein Vorgesetzter ist kein Kumpel.

Verwechsle das jetzt aber bitte nicht mit Unhöflichkeit. Du darfst und sollst auch höflich sein. Man kann höflich sein und gleichzeitig Distanz bewahren.

Als Kumpeltyp wirst Du erfahrungsgemäß die schwächeren Mitarbeiter anziehen, die sich von Dir einen Vorteil erwarten.

Also lass es!

Natürlich gehört es dazu, sich kurz vorzustellen und etwas über das eigene Leben zu erzählen. Hierfür gibt es keine „Königslösung".

Unser Tipp: Erzähle kurz Deine letzten beiden Stationen und eine Kleinigkeit über Dein Privatleben.

Aber Achtung:

Man entschuldigt sich nicht dafür, Führungskraft zu sein!

Es ist immer wieder zu beobachten, dass junge Führungskräfte meinen, sie dürften sich nicht in den Vordergrund spielen. Dann stellen sie ihr „Licht unter den Scheffel" und versuchen, sich „klein zu machen".

Das ist grundlegend falsch.

Du bist Chef.

Daran kannst Du nicht ändern. Wenn Du Dich jetzt klein machst, ist das ein „Schuss" gegen die Vorgesetzten, die Dich berufen haben.

Das solltest Du nicht tun!

Vorgesetzte sollen selbstbewusst sein. Dazu gehört es auch zu wissen, dass man eben nicht alles weiß und als Vorgesetzter auch nicht alles wissen muss!

Ab der dritten Woche

Es kommt Dir nicht so vor, aber der Alltag hat Dich eingeholt. Ab jetzt passieren Dir die Dinge, die jeder Führungskraft passieren, und zwar nahezu täglich.

Für Deine Aufgabe gibt es oftmals keine Tätigkeitsbeschreibung. Du bist immer dann zuständig, wenn die Dir übergeordnete Führungskraft sagt: „Jetzt!". Planbar? Nein! Damit musst Du leben können.

Die Dir „persönlich" zur Verfügung stehende Zeit wird immer weniger.

Du musst Dich entscheiden: Möchtest Du einem lösungsorientierten oder einem problemorientierten Arbeiten folgen?

Denke nicht viel darüber nach: Problemorientiert zu arbeiten, hältst Du nicht durch!

Das ist zu aufwändig und bringt Dir zu viele Probleme bzw. viel Ärger ein. Stelle Dein Arbeiten möglichst schnell auf eine lösungsorientierte Vorgehensweise um.

Du musst langsam besser dabei werden, Deine Vorgänge nach Dringlichkeit abzuarbeiten.

Und wie erkennt man das? Tja, wenn es sich nicht unmittelbar durch eine Terminvorgabe ergibt, musst Du es über Erfahrung lernen.

Wenn beispielsweise eine Führungskraft, die weit oberhalb von Dir angesiedelt ist und Deinen Chef und dessen Chef beeinflussen kann, ein Anliegen hat, dann hat dieses Anliegen die höchste Priorität.

Das ist ungerecht?

Mag sein. Aber Du wirst im Laufe Deiner Berufserfahrung feststellen, dass die Arbeitswelt nun mal nicht gerecht ist.

Finde Deinen eigenen Weg.

Aber Vorsicht: Wir haben schon viele junge Führungskräfte mit lobenswerten Grundsätzen gesehen, die früher oder später einsehen mussten, dass sie so nicht weiterkommen. Entscheide Dich, was Du gerne möchtest. Wenn Du eine eigene Priorität hast, die sich mit der Deines Arbeitgebers vereinbaren lässt, dann versuche ihr zu folgen.

Du wirst Dir auch immer mehr die Frage stellen, warum plötzlich viele Mitarbeiter mit Fragen zu Dir kommen, die schon längst geklärt sind.

Tja, das scheint eine menschliche Schwäche zu sein.

Wir haben dieses Verhalten selbst bei unseren Top-Leuten sehen können (aber zum Glück eher seltener). Wenn Du es möchtest, versuche zu ergründen, was falsch gelaufen ist. Wenn Du die kürzere Variante erleben möchtest, beantworte die Dir gestellte Frage eben zum fünften Mal und bleibe dabei freundlich und verbindlich, auch wenn sie Dich innerlich nervt.

Die nächste erschreckende Erkenntnis wird Dich treffen: Du bewegst Dich auf fachlichem Neuland und hast mit eigenem Unwissen zu kämpfen.

Auch hier musst Du Dich entscheiden.

Möchtest Du alles verstehen und alles wissen, wirst Du das zum einen nicht schaffen und zum anderen wird Dich der Stress (es nicht zu wissen) in psychosomatische Probleme bringen.

Nicht wenige Führungskräfte bezahlen diese Vorgehensweise mit Herz- und Kreislaufproblemen.

Möchtest Du gesund „alt" werden, solltest Du lieber nicht alles wissen wollen.

Du musst versuchen, im Laufe der Zeit ein Gefühl für das richtige Wissen zu entwickeln. Wie das geht, kann man Dir auch nicht genau sagen, weil die Faktoren hierfür typabhängig sind. Lasse Dir Zeit, gönne Dir die Erfahrung und schrecke nicht vor Rückschlägen zurück.

Du wirst sehen, dass Du schon sehr bald ein gutes Gefühl dafür entwickeln wirst, wo die Probleme liegen, was sich negativ entwickeln könnte und wo Du schnell und mit entsprechendem zeitlichen Aufwand intervenieren musst, damit sich daraus nicht noch ein viel größeres Problem entwickelt.

Und wie ist das mit dem allgemeinen Geschwätz?

Schenke dem vordergründig nicht allzu viel Beachtung, höre jedoch aufmerksam zu: Du wirst schnell merken, wo „der Schuh drückt". Halte Dich aber mit Kommentaren zurück.

Man wird versuchen, Dich auf die eine oder andere Seite zu ziehen oder zumindest im eigenen Sinne zu beeinflussen.

Bilde Dir immer eine eigene Meinung und zwar erst dann, wenn Du ALLE Seiten der Geschichte kennst. Dies kann dauern und ein Ausforschen ist erst legitim, wenn Du eine Weile in der Organisation gearbeitet hast.

Vorsicht vor voreiligen Schlüssen!

Was sich aus unserer Sicht völlig verbietet, sind Lästereien, die sich gegen den Chef richten, und Kritik am eigenen Vorgänger. Auch wenn Du Dich noch so ärgerst, tausche Dich mit Vertrauten außerhalb der Organisation aus.
Wenn Du es anders handhabst, trägst Du zur Vergiftung der Arbeitsatmosphäre bei.
Vergiss' bei all' der Aufregung um die neue Stelle und den neuen Herausforderungen nicht, regelmäßig Pausen zu machen! Du hast noch viele Jahre vor Dir und es geht nicht darum, eine Kurzstrecke zu rennen, sondern die Langstrecke erfolgreich zu meistern. Dazu gehören Mittagspausen und auch das regelmäßige Essen, das man in Zeiten hoher Anspannung sehr gern mal vergisst.

2 - Vom Sachbearbeiter oder Berufseinsteiger zur Führungskraft

Du hast Dich entschieden, Führungskraft zu sein. Du wirst schnell feststellen, dass – anders als bisher in Deiner Ausbildung oder in Deiner bisherigen Tätigkeit als Sachbearbeiter – Deine Mitarbeiter Abstand zu Dir halten. Sie begegnen Dir mit mehr Distanz, weil sie ab sofort von Dir abhängig sind.

Das ist völlig normal und hat nichts mit Dir als Person zu tun! Erwarte nicht, dass sie Dir freundschaftlich begegnen. Du wirst das Bedürfnis haben, diese Distanz zu überwinden und wieder Teil des Rudels zu sein. Als Führungskraft wird von Dir jedoch eine professionelle Distanz zu Deinen Mitarbeitern erwartet.

Halte das aus!

Zwar spricht man allenthalben vom kooperativen Führungsstil, in dem die Über- und Unterordnung eine geringere Rolle spielen soll. Zu glauben, dass dadurch alle auf einer Ebene arbeiten und es keine Hierarchie mehr gibt und letztlich jede Entscheidung demokratisch getroffen wird, ist ein Trugschluss.

In Organisationen ab einer bestimmten Größe muss es verschiedene Entscheidungsebenen geben, damit die Einrichtung funktionsfähig bleibt. Eine funktionierende Hierarchie kann Dir auch bei der täglichen Arbeit helfen – wenn Du zum Beispiel bereits durch Deinen Status eine gewisse Akzeptanz erfährst und nicht in Deiner Funktion in Frage gestellt wirst, kann es Deine Arbeit leichter machen.

Ein gewisser Grad an Einsamkeit ist völlig normal. Du wirst schnell erkennen, mit wem Du Dich auf Deiner Führungsebene zusammenschließen kannst und schon bald wirst Du das Gefühl der Einsamkeit überwinden.

Gespräche verstummen

Tja, wenn sich früher noch alle gerne mit Dir unterhalten haben, verstummen plötzlich alle Gespräche, wenn Du in einen Raum zu einem Gespräch dazukommst. Es ist für Dich nicht nur schwierig, in der neuen Führungsrolle anzukommen, sondern es verlangt Deinem Arbeitsumfeld ebenfalls die Fähigkeit ab, Dich in der neuen Rolle anzunehmen.

In der Situation des Verstummens der Gespräche wird Dir vielleicht zum ersten Mal deutlich bewusst, dass der Umgang mit Dir nun ein anderer ist. Kollegen aus der Sachbearbeitung distanzieren sich jetzt eher von Dir und tauschen sich nicht mehr so vertrauensvoll in Deiner Anwesenheit aus wie es früher womöglich einmal der Fall war.

Woran das liegt?

Du bist jetzt in einer anderen „Liga".

Glaubst Du nicht?

Tja, ist auch schwer zu verstehen. Du schaust morgens in den Spiegel und siehst immer noch den gleichen Menschen. Für die Anderen ist aber ein „Amt" dazugekommen.

Wer Führungskraft ist, gehört jetzt zu „denen".

Wer das ist?

Das sind die Anderen, die immer alles entscheiden können. Sie haben „Macht" und können Dir als Sachbearbeiter Probleme machen. Außerdem können sie Dir Arbeit auf den Tisch legen.

Aber es gibt leider noch eine andere Dynamik, die Du wissen solltest. Du hörst auf, Teil einer Gruppe zu sein. Und gruppendynamische Prozesse sind unglaublich wirksam.

Es kommt nämlich nicht darauf an, ob Du bewusst aus der Gruppe aussteigen möchtest. Wer sich als Sachbearbeiter mit Führungskräften „auf eine Stufe stellt", wird von den anderen Sachbearbeitern kritisch betrachtet.

Denke vielleicht auch mal an früher. Wolltest Du nicht auch ein normales Arbeitsverhältnis zu Deinen Kollegen haben? Nicht auffallen? Ein einfaches Mitglied der Gruppe sein?

Sollte sich jetzt ein Sachbearbeiter mit zu viel Nähe an Dich „binden", wird er eher aus dieser „wärmenden" Umgebung ausgeschlossen. Nur wer sowieso keine Beziehung zu den Anderen hat, bleibt davon unberührt.

Also bleibt den Sachbearbeitern im Regelfall gar nichts anderes übrig, als sich zwischen Dir und dem Kreis der anderen Sachbearbeiter zu entscheiden.

Sei bitte nicht enttäuscht, die Entscheidung wird – wenn auch zum Teil schweren Herzens – meistens gegen Dich getroffen. Das liegt auch daran, dass Du ja Karriere machen könntest und dann nach recht kurzer Zeit nicht mehr vor Ort bist. Dann müssen diejenigen, die sich für Dich entschieden haben, immer noch mit den gleichen Kollegen auskommen. Außerdem werden sie es mit einem Chef zu tun haben, mit dem sie nicht mehr das gleiche Verhältnis wie zu Dir haben.

Außerdem müssen sie Angst haben, dass man es sie spüren lässt, dass Du nicht mehr da bist. Dasselbe gilt auch für Neueinsteiger, die nach dem Studium in die erste Führungsrolle kommen: Das Studentenleben nimmt ein jähes Ende und die Verantwortung nähert sich mit großen Schritten! Dazu gehört es auch, dass Du nicht mehr als Student wahrgenommen wirst, sondern als Entscheidungsträger und dazu gehört auch, dass sich Deine Mitarbeiter Dir gegenüber rollengerecht verhalten.

Also, mach Dir nichts draus, es ist ziemlich normal, „einsam" zu sein.

Aber wie verhält es sich mit einer „Freundschaft" zu Deinem eigenen Chef? Wir raten Dir, das ebenfalls nicht in Erwägung zu ziehen. Am Ende des Tages wird Dein Chef nicht vergessen, wer er ist, nämlich Dein Chef! Er wird möglicherweise Erkenntnisse, die Du ihm im Vertrauen, vielleicht auch private Angelegenheiten, erzählt hast, nicht vergessen können und im schlimmsten Fall vielleicht gegen Dich verwenden. Glaube nicht, dass es Dir ganz bestimmt nicht passieren kann, weil Du über eine so gute Menschenkenntnis verfügst und vorher merkst, ob Du einem Menschen wirklich vertrauen kannst oder nicht. Glaube auch nicht an das Gute im Menschen, wenn ihr vielleicht schon viele Jahre zusammenarbeitet und Du ihn vermeintlich zu kennen glaubst. Du wirst eines Besseren belehrt! Es gibt Situationen, da ist sich jeder der Nächste, und in so eine Situation kann auch Dein Chef kommen. Gib ihm nicht die Waffen in die Hand, die sich dann gegen Dich selbst richten könnten.

Sorge auch hier für eine freundliche, aber professionelle Distanz und suche Dir einen anderen Ort, an dem Du Dein Herz ausschütten kannst.

Und letztlich: Wie ist es denn mit den Kollegen, die mit Dir auf gleicher Führungsebene stehen? Auch hier ist größte Vorsicht geboten! Mit viel Glück entwickelt sich aus so einer Beziehung über Jahre eine Freundschaft, was aber eher die Ausnahme und nicht die Regel ist. Auch hier fährst Du aus unserer Sicht besser, den nötigen Abstand zu halten und den privaten Austausch auf das Nötigste zu begrenzen. Sei freundlich, aber nicht vertrauensselig. Erzähle das, was Du auch offen jedem erzählen könntest, und behalte Deine Nöte und Emotionen für Dich.

In der eigenen Organisation neue Führungskraft sein?

Es gibt natürlich auch einen Unterschied zwischen einem Sachbearbeiter, der in der gleichen Organisation zur Führungskraft wird und einem „Seiteneinsteiger", der als Führungskraft in eine für ihn neue Organisation kommt.

Wer aus der gleichen Organisation kommt, hat stets ein Akzeptanzproblem. Du warst gestern noch der gleiche Sachbearbeiter wie die anderen auch. Und heute sollst Du „denen" Weisungen geben können? Ein Teil der Sachbearbeiter wird lachen „Was will DER denn?" oder „Von DEM lasse ich mir gar nichts sagen!" Woran das liegt?

Jeder Mensch hat das Gefühl, selbst besser zu sein als die anderen Sachbearbeiter. Das Gefühl ist nicht schlimm. Es ist einfach ein Teil des eigenen Selbstwertgefühls. Mit einem „guten" Selbstwertgefühl lässt sich viel besser arbeiten als ohne.

Problematisch wird es aber dann, wenn plötzlich derjenige, den man zwar ganz gut findet, aber nicht besser als man selbst, zum Chef befördert wird. Es könnte die Neigung entstehen, dem neuen Chef mal (deutlich) zu zeigen, dass er doch nicht gut genug ist, um die anderen zu führen.

Und was wird der neue Chef machen? Den Gegenbeweis antreten wollen! Er wird versuchen nachzuweisen, dass die Entscheidung völlig richtig war. Dadurch werden Spannungen auftreten. Möglicherweise werden sie sich im Laufe der Zeit legen. Erfahrene Führungskräfte werden sich aber nicht darauf verlassen.

Es ist daher eher empfehlenswert, Führungskraft in einer anderen Organisation zu werden.

Man kann Dich nach Jahren oder nach weiteren Führungspositionen wieder in Deine Organisation als Führungskraft zurückkommen lassen.

Bis dahin haben sich die Beteiligten von früher an die neue Situation gewöhnt oder die Fluktuation hat dafür gesorgt, dass ein Teil Deiner früheren Kollegen aus der alten Organisation ausgeschieden ist. Die Neuen kennen Dich nicht und können ganz regulär mit Dir als Chef arbeiten.

Das ist bei der Übernahme eines Führungsamts die erstrebenswerte Situation.

Du wirst in einer Organisation als Führungskraft eingesetzt, die Dich nicht oder nur aus der Ferne kennt. Dann bist Du einfach „nur" der neue Chef.

Im Regelfall wird man Dir mit Offenheit gegenübertreten.

Allerdings muss Dir klar sein, dass man sich über Dich informieren wird: „Was ist das für einer?" oder „Wie ist er denn so?".

Das ist nicht schlimm.

Du weißt ja sicher noch aus Deiner Sachbearbeiterzeit, dass das ein ganz natürliches Bedürfnis der Sachbearbeiter ist. Da man oftmals nicht möchte, dass Du von diesem Informationsbedürfnis etwas erfährst, wirst Du die Versuche, sich über Dich zu erkundigen auch nur von Dritten hören oder auch gar nicht.

Es ist aber auch nicht wichtig, dass Du davon erfährst. Du weißt doch, dass das auf jeden Fall passieren wird und man es zu verheimlichen versucht.

Das ist okay.

Mache Dir darüber keine Gedanken.

Einsam im Misserfolg

Aber es gibt noch eine weitere Form der Einsamkeit. Wenn es darum geht, Verantwortung zu tragen, wird sich eine Vielzahl von Personen von Dir abwenden oder Dich zumindest aus sicherer Entfernung heraus beobachten.

Auch hier sollte Dir bewusst sein, dass Du Dich auch aktiv vor Misserfolgen schützen kannst.

In beruflich brisanten Situationen wägen erfahrene Kollegen erst einmal ab, inwieweit ein bestimmtes Tätigwerden der eigenen Karriere schaden kann.

Es ist nicht verwerflich, sich selbst zu schützen!

Daher solltest Du in bestimmten Situationen die Vorteile mit den Nachteilen abwägen und ehrlich zu Dir selbst sein.

Du musst kein Held sein und Dich nicht unnötig in Gefahr begeben. Gehst Du die Gefahr jedoch ein, muss Dir klar sein, zu welchem Preis Du das tust und was möglicherweise Nachteiliges daraus entstehen kann. So kann es in bestimmten Konstellationen allein schon bei entsprechenden fachlichen Fragen keine „Sieger" geben, sondern eigentlich nur Verlierer.

Dann musst Du Dir die Frage stellen, ob ein Engagement lohnenswert ist. Entscheidest Du Dich dafür, sei Dir der Gefahren bewusst und während des Prozesses immer auf der Hut vor Fallstricken oder Unwägbarkeiten.

Manchmal gibt es natürlich auch die Situationen, in denen Du aufgrund Deiner Funktion bereits zuständig bist und nicht gefragt wirst, ob Du die Aufgaben übernehmen willst.

Sichere Dich hier ab!

Binde Deine Vorgesetzten ein!

Denke nach!

Sei kritisch und betrachte Deine Arbeitsergebnisse immer mit der nötigen Distanz.

Untermauere alles mit fundiertem Wissen und der entsprechenden Dokumentation und stehe nicht für Fehler ein, die Du nicht gemacht hast!

Hast Du Erfolg, wird man Dir auf die Schultern klopfen und sich freuen, in Deiner Nähe sein zu können.

Hast Du dagegen Misserfolg, wirst Du damit alleine klarkommen müssen.

Die Realität orientiert sich nun einmal in Richtung der Sieger. Ihnen wird die gesamte Aufmerksamkeit zuteil. Verlieren stört in diesem Bild.

Glaube bitte nicht, dass Du etwas von Deinen Siegen für schlechte Zeiten konservieren könntest.

Das wird nicht passieren.

Es zählt immer nur der aktuelle Moment.

Schlimm? Wie man es nimmt. Wenn man eine erfahrene Führungskraft ist, kennt man den Mechanismus und versucht nicht, sich hinter Erfolgen „zu verstecken".

Es gibt Dir vielmehr sogar Kraft, wenn Du es nicht machst. Immerhin erwartet Dein Umfeld vielleicht sogar, dass Du Dich versuchst „abzuducken".

Wenn Du das aber nicht machst, sondern den Problemen mit offenem Blick entgegensiehst, wird gerade das Dir die von Dir erhoffte Akzeptanz geben.

Aber Vorsicht!

Glaube bitte nicht, dass Dir diejenigen, die Dir Akzeptanz entgegenbringen, dann tatsächlich auch helfen. Nein, etwas einerseits zu akzeptieren und sich andererseits „aus der Deckung zu wagen", sind zwei völlig verschiedene Dinge.

Unser Tipp: Gehe Deinen Weg so, als wärst Du ganz alleine.

Wenn Dir jemand helfen möchte und das in Deine Strategie bzw. Deine Vorgehensweise passt, prima! Verlasse Dich aber nicht darauf, dass das von Dauer ist.

Warum ist das so?

Weil es für einen Unterstützer viel einfacher ist, eine „unverbindliche" Hilfe zu geben, als sich zu sehr zu binden.

Genau das ist aber Dein Geheimnis!

Unterstützung bekommst Du vor allem dann, wenn Du nicht hilfesuchend um Dich schaust.

Haben die Beobachter den Eindruck, dass Du das auch alleine hinbekommst, werden sie sich viel eher temporär am Erfolg beteiligen. So erhältst Du manchmal sogar Hilfe von einer Seite, von der Du es nie vermutet hättest.

Suchst Du – vielleicht sogar noch verzweifelt – nach Hilfe, dann umgibst Du Dich mit der „Aura des Verlierers".

Auf einen Verlierer möchte keiner wetten. Das macht man eher, um anderen zeigen zu können, dass man „dem Verlierer" wenigstens etwas den Weg gewiesen hat.

Klingt schlimm?

Vermutlich ja, wenn es Dir noch niemand gesagt hat, dass es so ist.

Aber Du hast es hier einfach nur mit üblichen psychologischen Effekten der Menschheit zu tun.

Menschenskind, das ist nun mal eben so!

Es geht im Führungsgeschäft auch gar nicht darum, solche Effekte schlimm zu finden oder nicht.

Es geht darum, die Effekte für sich selbst nutzbar zu machen!

3 - Du bist nicht alleine!

Andere Führungskräfte

Na ja, so richtig alleine bist Du dann doch nicht! Andere Führungskräfte außerhalb Deiner Organisation haben die gleichen Probleme wie Du und sie erleben dieselben Situationen.

Das sollte Dir zumindest ein Trost sein.

Es gibt viele Führungskräfte, denen es genauso geht wie Dir. Sie stellen sich ständig die Frage, ob sie in der einen oder anderen Situation richtig gehandelt haben.

Waren sie zu streng?

Hätten sie vielleicht doch lieber härter durchgreifen müssen?

Alles wendet sich gegen sie, sind sie vielleicht doch keine gute Führungskraft?

Ja, die anderen haben die gleichen Probleme und vielleicht noch viel mehr!

Möchtest Du Dich mal mit ihnen austauschen?

Man muss die anderen Führungskräfte nur finden und ihre Erfahrungen erfragen. Suche Dir andere Führungskräfte, mit denen Du Dich auf professioneller Ebene austauschen kannst. Das hilft, von den positiven oder negativen Erfahrungen der anderen in ähnlichen Situationen zu profitieren. Das gibt Dir die Möglichkeit, allein durch den Austausch von Infos gleich auch Deine eigenen Handlungsoptionen zu erweitern.

Es gibt sehr gute Fortbildungsangebote verschiedener Träger, wo Du auf Gleichgesinnte stoßen wirst und genügend Möglichkeiten zum Austausch hast. Achte dabei aber immer darauf, dass Du nicht zu viel von Dir preisgibst, sondern zunächst auf Sachebene den Austausch suchst. Mit entsprechendem Vertrauen darf man dann auch mal „aus dem Nähkästchen" plaudern.

Denke immer daran, dass es Verbindungen und Kontakte gibt, die man auf den ersten Blick nicht ahnt.

Der Spruch „Die Welt ist ein Dorf" greift hier ebenfalls!

Unser Tipp: Tritt nicht schwach auf!

Sätze wie „Ich bin ja noch jung!" oder „Ich habe noch nicht viel Erfahrung!" kannst Du weglassen. Wenn Du in einer Organisation zu einer neuen Führungskraft berufen wurdest, weiß man das.

Dass Du nicht viel Ahnung vom Führen hast, kann man sich aus Deiner Vita ableiten.

Und mach Dir klar, die anderen Führungskräfte werden Dich beobachten und schauen, was Du so machst. Du brauchst also auf nichts hinweisen. Die sehen das auch so.

Möchtest Du in den Kreis der Führungskräfte vordringen?

Dann gebe Dich ganz natürlich. Sei einfach der, der Du im Innersten bist. Führungskräfte müssen sich ständig mit Problemen auseinandersetzen. Es beeindruckt niemanden, wenn Du Deine Situation besonders herausstellst.

Wenn Du gelassen und natürlich auf die anderen Führungskräfte zugehst, werden sie Dich aufnehmen.

Möchtest Du Dich dagegen profilieren, werden sie hinter Deinem Rücken über Dich reden.

Das ist normal.

So wirst Du in Zukunft auch arbeiten.

Deine Mitarbeiter

Aber da gibt es noch jemanden, der Dich unterstützen kann: Deine Mitarbeiter! Es geht nicht darum, Dein Personal um Hilfe zu bitten. Die wenigsten Sachbearbeiter finden es vertrauenswürdig, wenn ihr Chef ihnen sagt, dass er keine Ahnung von ihrem Job hat.

Du kannst aber mit Delegation und Fragen zur Umsetzung arbeiten. Gib Deinem Personal nicht die Lösung der Probleme vor, sondern unterstütze es in der eigenständigen Umsetzung. Wenn Du beispielsweise fragst, „Wie wollen Sie an das Thema herangehen?" oder: „Welcher Lösungsansatz ist aus Ihrer Sicht der sinnvolle oder naheliegende?", kannst Du vom Wissen und der Kreativität Deines Personals profitieren.

Das wird aber nicht sofort funktionieren. Üblicherweise ist es das Personal im öffentlichen Dienst eher gewohnt, zum Chef zu gehen, sich die Lösung des Chefs anzuhören und die dann genauso umzusetzen.

Wenn Du mehr Unterstützung haben möchtest, musst Du Dein Personal von diesem gelernten Verhalten „befreien".

Wie man sowas macht?

Penetrantes Vertrauen!

Wenn Dein Sachbearbeiter meint, er wüsste nicht, wie man das löst, schicke ihn mit freundlichen Worten zurück und sage ihm, dass er sich die Lösung in aller Ruhe überlegen und dann mit einer Idee wieder zu Dir kommen kann.

Funktioniert das immer?

Natürlich nicht.

Das muss man häufiger machen. Manchmal hat man aber keine Zeit für solche Ansätze. Dann hast Du hoffentlich genug eigenes Wissen, um eine Lösung vorzugeben.

Und achte darauf, dass nicht alle „Altfälle" plötzlich bei Dir landen. Manchmal passiert es nämlich durchaus, dass Mitarbeiter versuchen, Unterstützung in der Sachbearbeitung von Dir zu bekommen, sei es, dass sie überlastet sind, sei es, ihnen fehlt das eine oder andere fachliche Argument, um den Fall weiter zu bearbeiten. Dass Du fachlich unterstützt, ist keine Frage! Aber hüte Dich davor, die Sachbearbeitung zu übernehmen. Zum einen ist dies nicht Deine Aufgabe, zum anderen bekommst Du ansonsten einen zusätzlichen Berg Arbeit, den Du bereits aus Zeitgründen nicht bearbeiten kannst.

Und wende Dich nicht mit persönlichen Problemen an Deine Mitarbeiter. Emotionen haben an dieser Stelle keinen Platz. Wenn Du Dich zum Beispiel über jemanden sehr geärgert hast, wirst Du das Bedürfnis verspüren, Deinem Ärger so schnell wie möglich Luft zu machen.

Natürlich ist es das Beste, die Situation mit dem Betroffenen zu klären, aber manchmal ist es auch ratsam, den eigenen Ärger erst einmal „verrauchen" zu lassen, um dann in einer ruhigen Minute, aber zeitnah, wieder das Thema anzusprechen.

Hilfe in Akutfällen bieten Deine Vertrauten, nicht aber Deine Mitarbeiter!

Sie verlassen sich darauf, dass Du die Dinge im Griff hast.

Außerdem machst Du Dich mit zu viel Emotionalität angreifbar und das ist aus Sicht des Eigenschutzes nicht ratsam!

Deine Familie und Deine Freunde

Ist es nicht total verlockend, die Lösung ganz nah zu suchen und abendlich in der Freizeit und an den Wochenenden Deine Familie und Freunde mit Deinen „Alltagsproblemen" zu überschütten?

Nein!

Auch wenn Du unter Druck stehst, halten wir es für wichtig, dass Du zuhause einen geschützten Raum hast, in dem Du den nötigen Abstand zu Deinen Alltagsproblemen im Büro hast, eine Stelle, bei der Dich Deine Probleme nicht einholen und Du auch einmal vollständig abschalten kannst.

Natürlich wirst Du Dich in der einen oder anderen Sache mit Deinem Partner und Deinen Freunden austauschen, gerade auch dann, wenn sie selbst Führungskräfte sind oder Du eine zweite Meinung aus einem anderen Blickwinkel oder der Distanz heraus brauchst.

Aber auch die Distanz zu Deinem Problem hilft Dir bei der Lösungsfindung und Du brauchst Ruhepausen, in denen Du die Dinge im Büro „stehenlässt" und Dich anderen Sachen widmest, aus denen Du Kraft ziehen kannst.

<u>Unsere Message an Dich</u>

Ganz allein wirst Du nicht erfolgreich sein!

Viele Dinge wirst Du nicht ohne Verbündete durchbringen können.

Gerade Strukturänderungen in Organisationen oder selbst kleinere Änderungen in Arbeitsabläufen brauchen Menschen, die sich begeistern lassen. Dinge, die Du versuchst, mit Druck und ohne Überzeugungskraft durchzusetzen, erfordern Deine ständige Kontrolle und permanente Überwachung. Organisationen haben im Allgemeinen eine sehr hohe Beharrungsstendenz.

Menschen möchten gern die Dinge so weitermachen, wie sie sie gewohnt sind, und sich nicht veränderten Arbeitsabläufen anpassen müssen.

Das macht zusätzlich Arbeit und ist dann nur erstrebenswert, wenn tatsächlich ein Vorteil „rausspringt".

Änderungen brauchen Zeit, Geduld und einen guten Plan

Überlege Dir zunächst, in welches Projekt Du Deine Energie stecken möchtest und plane dann Dein konkretes Vorgehen und wen Du unbedingt „mit an Bord" haben musst, um das Projekt erfolgreich realisieren zu können.

Fange dabei nicht zu viele Projekte auf einmal an, sondern bündele Deine Kräfte zunächst in einem Projekt, das Dir persönlich viel Spaß macht und Dir selbst auch etwas „bringt", sei es im Karriereverlauf, sei es, weil Du persönlich an dem Thema interessiert bist. Dann hast Du auch das notwendige Durchhaltevermögen und kannst Dich immer wieder selbst motivieren weiterzumachen.

Diese Zusatzarbeit läuft neben Deiner Alltagsarbeit und darf daher nicht zu viel Kapazitäten blockieren.

Vergiss dabei nicht Deinen Vorgesetzten!

Manche Vorgesetzte schätzen Eigeninitiative sehr, aber wollen informiert werden, andere fühlen sich schnell übergangen und in ihrer originären Zuständigkeit „beschnitten".

Plane Deine Zeit und überlege Dir, wie Du Mitstreiter gewinnen kannst.

Schließe Allianzen und führe das Projekt zum Erfolg!

Was für ein einzelnes Projekt gilt, gilt natürlich auch für Deine gesamte berufliche Tätigkeit. Wenn Du Dich mit einem Kreis von Verbündeten umgeben kannst, wirst Du berufliche Misserfolge oder Rückschläge schneller verkraften können. Sie werden Dich auffangen und Du wirst gestärkt weitermachen.

4 - Dein Weg ist der richtige!

Du wirst im Laufe der Jahre immer wieder in Situationen kommen, die eine Entscheidung von Dir erfordern. Wenn es um berufliche Veränderungen geht, wird Dir niemand die Entscheidung abnehmen.

Natürlich kannst Du Dir Rat und Unterstützung holen und Argumente zusammentragen und abwägen. Es wird womöglich aber nie der Moment kommen, in dem Du Dir sicher bist, das Richtige zu tun. Das wird sich später zeigen.

Aber auch da raten wir: Du hast die für Dich in diesem Moment richtige Entscheidung getroffen und den für Dich richtigen Weg eingeschlagen!

Du kannst nur die Umstände berücksichtigen, die Dir zu diesem Entscheidungszeitpunkt bekannt sind, alles andere sind müßige Überlegungen und schwächen Dich nur.

Du bist ein einzigartiger Mensch mit all den eigenen Erfahrungen, Erkenntnissen und Deiner individuellen Lebensgeschichte. Sollte ein anderer Mensch in dieser Situation eine andere Entscheidung treffen, so ist das der Weg, der für denjenigen richtig ist. Dies muss nicht für Dich gelten, denn Dein Weg ist der für Dich einzig Richtige!

Später darüber zu grübeln und es im Nachhinein in Frage zu stellen, nützt niemandem.

Die Erkenntnisse kannst Du auf jeden Fall in der Zukunft gut gebrauchen und denselben Fehler wirst Du kein zweites Mal machen. Außerdem haben wir sehr oft die Erfahrung gemacht, dass alles für irgendetwas gut ist – es dauert nur manchmal etwas länger, bis sich die Erkenntnis einstellt, was das Gute nun tatsächlich war.

Woran kann ich also feststellen, was für mich der richtige Weg ist?

Du musst Erfahrungen sammeln!

Das ist natürlich schwer, aber es geht nun nicht mal ohne. Da wäre zum einen das Zuschauen. Beobachte andere Führungskräfte. Was machen sie und wie schätzt Du das ein? Würdest Du es auch so machen oder anders? Natürlich kannst Du es jetzt „blind" nachmachen. Aber das wird Dir nicht helfen. Du musst zu einer eigenen Entscheidung kommen.

Also horche in Dich hinein. Fühlt sich das Verhalten der anderen Führungskraft für Dich gut oder nicht gut an?

Wenn es sich gut anfühlt, mache es nach. Fühlt sich das Nachmachen dann doch nicht gut an, bleibe trotzdem zumindest einmal bei diesem Verhalten und beobachte Dich beim nächsten Mal dabei. Fühlt es sich mit der Zeit besser an, überprüfe Dich trotzdem nochmal selbst. Vielleicht hast Du Dir selbst ja nur eingeredet, dass es sich gut anfühlt. Wenn das so ist, ändere Dein Verhalten.

Und beobachte Dich immer selbst.

Zum anderen wäre da noch das Ausprobieren. Ja, man darf auch probieren. Lass allerdings Dein Personal nicht zu „Versuchskarnickel" werden.

Das hat es nicht verdient.

Mit Ausprobieren ist gemeint, dass Du eine leichte Veränderung in Deinem Verhalten vornimmst. Das kannst Du auch mit einer inneren Eingebung machen. Wer nur zuschaut, hat keine Eingebung und kann sich die Chance darauf auch nicht erarbeiten.

Auf Deine Veränderung wird man reagieren.

Entweder sagt man Dir, dass man die Veränderung wahrgenommen hat oder man sagt es Dir nicht. Falls man es Dir nicht sagt, musst Du Dir zunächst auch keine Gedanken machen. Sagt man es Dir, solltest Du mit Selbstbewusstsein reagieren.

Ja, die erste innere Reaktion von Dir wird ein Fluchtimpuls sein.

„Oh Gott, das war bestimmt nicht gut", wird es Dir durch den Kopf gehen.

Du kannst Dich gegen dieses Gefühl nicht wehren.

Es kommt und Du solltest es nicht abblocken. Es hat seine Berechtigung. Sei Dir auch bewusst, dass der Gedanke das Gefühl auslöst und es gerade nicht anders herum ist. Du kannst also mit entsprechenden Gedanken für Deine Gefühlswelt sorgen. Es wird Dir durch dieses Bewusstsein gelingen, auch Grübeleien aktiv zu begegnen und diesen Krafträubern nicht zu viel Raum zu geben.

Aber anschließend, wenn es darum geht weiterzumachen, solltest Du gegen dieses Gefühl nach dem Motto „Und ich mache es doch!" angehen. Es geht hierbei nicht darum, sich „blind" zu geben. Vielmehr musst Du Dir eine Grundlage für Dein Selbstvertrauen schaffen.

Auch wenn es zu Anfang schwerfällt, versuche Dir folgenden Grundsatz einzuprägen:

Andere können Dir nur sagen, was sie meinen, was richtig ist.
Du allein kannst es aber mit der Zeit für Dich selbst fühlen!

Dazu musst Du Dich aber zum Fühlen bereit machen.

Nur wenn Du stetig mit offenen Augen Deiner Arbeit nachgehst und Dein eigenes Gefühl mit den Rückmeldungen aus Deinem Umfeld abgleichst, wird das Gefühl eine Chance haben.

Und dann erlangst Du sogar eine tolle Stärke.

Du kannst mit der Zeit intuitiv handeln. Sicher kannst Du auch viel Zeit zum Abwägen des Für und Wider aufwenden. Aber wer intuitiv richtig handeln kann, ist schneller. Deine Intuition basiert auf der Summe Deiner Erfahrungen. Schnelle und richtige Entscheidungen treffen zu können, ist ein großer Vorteil. Diesen Vorteil muss man sich erarbeiten. Er kommt nicht von selbst!

5 - Learning by doing!

Führung ist nicht erlesbar, sondern nur erfahrbar und erlernbar!

Manche Fehler kann man vorgewarnt vielleicht vermeiden, doch die eigene Emanzipation ist das Ergebnis eines Erfahrungsprozesses, der auch auf Ausprobieren beruht.

Es wäre schön, wenn man selbst nur positive Erfahrungen machen könnte und sich die negativen nachlesen und dadurch vermeiden ließen.

Leider funktioniert das Leben so nicht, es ist irgendwie anders!

Im vorigen Kapitel haben wir darüber gesprochen, dass Du die Veränderung und Deine persönliche Einstellung dazu erfühlen solltest. Jetzt reden wir darüber, dass Fühlen alleine nicht weiterhilft.

Man muss auch etwas tun.

Dir sollte bereits zu Anfang Deiner Karriere klar sein, dass Du eigene Erfahrungen nicht vermeiden kannst. Erfahrungen beruhen nun eben auf Handlungen.

Und die kann Dir keiner erzählen, da musst Du selbst durch.

Also die Devise „Auf Tauchstation gehen", hilft Dir nicht weiter.

Anfangs wird Dein Umfeld dieses Verhalten noch als Zurückhaltung interpretieren. Aber nicht lange. Bald wirst Du als inaktiv entlarvt.

Aber das hast Du doch gar nicht nötig!

Du musst über bestimmte aktive Fähigkeiten verfügen, sonst wärst Du jetzt keine Führungskraft.

Also bleibe aktiv.

Allerdings ist damit die Notwendigkeit verbunden, sich auf beide Möglichkeiten des Erfahrungsgewinns vorzubereiten. Es gibt die positiven Erfahrungen, die jeder gerne macht. Und dann gibt es noch die negativen Erfahrungen, aus denen man das Meiste für sein weiteres Berufsleben lernt.

Scheue nicht die negativen Erfahrungen!

Du brauchst sie zum Lernen. Wenn Du nur positive Erfahrungen machen willst, wird das nicht funktionieren.

Was ist denn für Dich eine positive Erfahrung?

Verbindest Du damit die Vorgabe eines Anderen, die Du exakt umsetzt und dafür dann ein Lob bekommst? Möchtest Du, dass Andere Deine Arbeit gut finden und Dich loben? Versuchst Du die negativen Erfahrungen zu umgehen?

Ja, das kann man so machen. Aber was genau hat das mit Lernen zu tun? Lernen findet statt, wenn man seinen eigenen Weg geht und dann mit Problemen konfrontiert wird. Dann muss man sich hinterfragen. Gehst Du dagegen nur den Weg, den andere Personen für Dich vorgezeichnet haben, glaubst Du im negativen Fall vielleicht viel eher daran, dass nicht Du damit zu tun hast, sondern sie falsch gelegen haben könnten. In diesem Fall siehst Du keine Beziehung zu Dir. Schade!

Sei lieber mutiger und versuche Dich im Learning by doing. Hast Du Erfolg, und der wird sich zwangsläufig einstellen, ist es Dein eigener. Das wirkt langfristiger und gibt Dir mehr Befriedigung, als würdest Du nur die Ansätze der Anderen zum Erfolg führen.

Aber Vorsicht!

Du kannst schnell in eine innere menschliche Falle tappen.

Die Schwelle zur Selbstzufriedenheit und Arroganz ist sehr schmal!

Hast Du die Mehrzahl Deiner Erfolge aufgrund eigener Ideen und Aktivitäten erreicht, könntest Du auf die Idee kommen, dass Du niemanden als Hilfestellung brauchst. Das mag für den Moment richtig erscheinen. Aber es kommt der Tag, an dem Du diese Hilfe bitter nötig hast.

Learning by doing ist eine sehr gute Methode, um selbstsicher zu werden, ein positives Gefühl zu bekommen und mit negativen umzugehen.

Wenn Du positive Erfahrungen machst, darfst Du sie auskosten.

Aber übertreibe es nicht!

Nicht jeder findet Deine positiven Erfahrungen so toll wie Du. Benutze die Erfahrungen, um Dich in Bescheidenheit zu üben. Die wird gesehen. Natürlich nicht von Angebern. Aber in Deinem Umfeld werden auch höhere Führungskräfte sein, die Dich in Deinem Erfolg betrachten. Sie werden es schön finden, wenn Du Erfolg hast. Sie werden es aber nicht gerne sehen, wenn Du Dich selbst zu lange zelebrierst.

Machst Du negative Erfahrungen, darfst Du nicht verzweifeln!

Aber Vorsicht, Enttäuschungen muss man Dir nicht ansehen!

Ja, man darf und muss bei einer negativen Erfahrung enttäuscht sein. Es wird nicht viele Personen geben, die es „toll" finden, wenn Du negative Erfahrungen zu lustig siehst. Aber Du darfst auch über Dich selbst lachen und darfst Dich auch mal „auf die Schippe" nehmen. Solange Du dieses Vorgehen nicht übertreibst, kann Dir der Umgang mit negativen Erfahrungen viel mehr Erfolg bringen als dass Du Dich ständig „im Erfolg sonnst".

Also probiere, erfahre, lerne und gehe umsichtig mit Dir und Deinem Umfeld um.

6 - Setze Dir Ziele!

Ziele sind sehr wichtig: Sie gibt es in persönlicher und fachlicher Hinsicht, aber auch im Hinblick auf Deine Karriere und auch im privaten Bereich. Sie geben Dir eine Struktur.

Im Hinblick auf Deine Funktion als Führungskraft wirst Du Dich als junge Führungskraft erstmal in das Führungsgeschäft einfinden. Das ist okay so.

Deine Ziele werden also recht klein sein oder sind sie groß?

- **Vielleicht zu Anfang nicht auffallen?**

  Keine schlechte Idee. Als junge Führungskraft werden Dir ältere Führungskräfte durchaus positiv gegenübertreten. Hältst Du Dich zurück, finden sie das sinnvoll, weil Du ja erst einmal lernen muss. Du weißt noch nicht genau, „wie der Hase läuft" und erfahrene Führungskräfte erwarten, dass Du sie um Rat fragst. Du musst Dir auch klarmachen, dass die erfahrenen Führungskräfte Dir auch noch nicht viel zutrauen. Immerhin bewegst Du Dich noch unsicher. Aber das ist in Ordnung. So hat jeder einmal angefangen.

- **Oder erst recht auffallen und so von sich reden machen?**

  Du kannst natürlich auch auffallen wollen. Dann musst Du Dir eine Aktivität aussuchen, die ungewöhnlich ist. Von den gewöhnlichen Themen spricht kaum jemand. Wenn Du das Risiko scheust, lass es lieber und gehe den konventionellen Weg. Bist Du dagegen risikofreudig und kannst Niederlagen einstecken, kannst Du auch ungewöhnliche Wege gehen und so schnell bemerkt werden. Aber das kann auch schiefgehen.

Was könnte Dich daran hindern, Dir Ziele zu setzen? Du bist als junge Führungskraft vermutlich einfach zu unerfahren, um Dir eigene Ziele zu überlegen. Natürlich möchtest Du Karriere machen, aber der Weg dahin ist lang und bis zum nächsten Karriereschritt ist es noch weit.

Erfahrene Führungskräfte werden Dir Tipps für eigene Ziele geben. Das freut Dich, weil es Dir helfen kann. Aber Vorsicht! Du könntest die Dir vorgeschlagenen Ziele irgendwann für Deine eigenen halten und dann einem „Gespenst" nachjagen!

Wenn Dir eine erfahrene Führungskraft einen Tipp für ein eigenes Ziel geben möchte, ist das als Anschub für Dich gedacht. Das ist wie bei einer Autobatterie, der man Starthilfe gibt. Es ist schön, diese Starthilfe zu bekommen.

Aber es ist eben NUR eine Starthilfe!

Also nerve die erfahrenen Führungskräfte nicht mit ständigen Zwischenmeldungen, wie weit Du deren Zielideen schon zum Ergebnis gebracht hast. Eine erfahrene Führungskraft wird die Idee für Dich schnell wieder vergessen haben, weil es ihr ja gar nicht um den Inhalt des Ziels geht. Sie will Dir ja nur helfen.

Die Führungskraft erwartet jetzt von Dir, dass Du gerne mal die Idee weiterverfolgst, dann aber eine eigene Richtung einschlägst. Falls Du in einer neuen Situation wieder eine Hilfe benötigst, wird sie Dir auch wieder gerne Starthilfe geben.

Muss sie aber zu oft diese Hilfe geben, nervt auch das wieder.

Gehe also sorgsam mit den Tipps Deiner Führungskräfte um und übertreibe es nicht.

Was ist der Vorteil von Zielen?

Du kannst ihr Erreichen kontrollieren! An der Zielerreichung kannst Du feststellen, wie weit Du gekommen bist und ableiten, was für die weitere Zielerreichung noch zu tun wäre.

Deshalb solltest Du Dir möglichst nur die Ziele setzen, die Du auch realistisch erreichen kannst. Träumen ist schön, aber nicht im Berufsleben. Also verwechsle bitte eine Zielsetzung nicht mit einer Wunschliste.

Rein formell kannst Du Dich bei der Zielsuche an der **SMART**-Regel orientieren:

- **S** = Spezifisch: Ziele sollten so genau und konkret wie möglich sein.

- **M** = Messbar: Es sind die Nennung eines Mengengerüstes, einer Zeitangabe oder eines sonstigen messbaren Kriteriums erforderlich.

- **A** = Akzeptiert: Ziele müssen für das Umfeld akzeptabel sein.

- **R** = Realistisch: Realistische Ziele werden leichter akzeptiert und schaffen für Dich die Möglichkeit, sie auch zu erreichen.

- **T** = Terminierbar: Die Nennung einer Zeitangabe, sie muss aber nicht bei allen Zielen zutreffen.

Allerdings musst Du Dir schon selbst überlegen, ob Du die sich bietenden Ziele auch wirklich erreichen möchtest. Nicht alle Ziele, die die Allgemeinheit für sinnvoll hält, sind auch für Dich akzeptabel.

Ja, Du darfst eigene Ziele haben.

Du musst keiner Mehrheit folgen.

Du solltest aber sehr gut überlegen, was Deine Ziele sind und nicht spontan oder leichtfertig Ziele aufsetzen. Spontane Ideen kann man haben oder auch mal einer „verrückten" Idee folgen.

Aber Ziele sind etwas Längerfristiges, für das Du mehr Zeit zum Überlegen aufwenden solltest. Wenn Du es machst und das Für und Wider abwägst, wird es sich für Dich lohnen!

Oft geht es im Alltagsgeschehen und allgemeinen Trubel unter, die eigenen Ziele im Auge zu behalten. Im täglichen Trubel bleibt womöglich kaum Zeit, zur Ruhe zu kommen.

Schaffe Dir regelmäßig diese Zielfindungszeiten, weil es für Deine persönliche Entwicklung sehr wichtig ist, innezuhalten, ein Resümee zu ziehen und Ziele neu auszurichten.

7 - Ziele sind veränderbar!

Du wirst im Laufe der Jahre merken, dass sich das, wofür Du in der Vergangenheit durchs Feuer gegangen bist und Dir Nächte um die Ohren geschlagen hast, möglicherweise irgendwann nicht mehr so wichtig ist.

Hier können sich im Laufe des Berufslebens die Wertigkeiten verschieben.

Was machst Du eigentlich, wenn Du Deine Ziele verändern willst?

Geht sowas oder musst Du erstmal jemanden um Erlaubnis fragen?

Mach Dir klar,

dass DEINE Ziele nur von einer Person verändert werden können,

nämlich von DIR!

Ja, Du kannst Deine Ziele verändern. Aber Vorsicht, das hat immer Auswirkungen auf andere Personen. Wenn Du eine Führungskraft bist, kannst Du nicht einfach mal schnell Deine Ideen ändern. Andere Menschen sind von Deinen Ideen und Handlungen abhängig.

Es ist nicht schlimm, wenn Du diese Menschen berücksichtigst.

Stell Dir vor, Du hast eine neue Idee und überforderst damit Deine Mitarbeiter. Sie wollen einen guten Job machen und im Grunde Dir gefallen. Du sollst sie – aus ihrer Sicht – gut beurteilen und deshalb möchte man die Angelegenheiten so erledigen, wie Du es gut findest.

Dein Lob ist genauso wichtig wie Dein Tadel. Überforderst Du Dein Personal, wird es die Orientierung verlieren und unsicher werden.

Solltest Du jetzt auf die Veränderung Deiner Ziele verzichten?

Natürlich nicht!

Du musst Dir aber der Konsequenzen Deiner Zieländerung bewusst sein.

Konsequenzen für Dich

Wenn Du Deinen ursprünglichen Zielen folgst, verleiht Dir das Sicherheit. Die Ziele und Deine Handlungsstrategien sind eingeübt. Du weißt genau, was Du willst. Mit dem Ändern der Ziele bringst Du ein gewisses Maß von Instabilität in Dein Handeln hinein.

Unterschätze das nicht!

Solange Du Dich nicht in „gefährlichen" Situationen befindest, ist noch alles recht unproblematisch. Du hast noch ausreichende Erfahrungswerte aus Deinen bisherigen Zielen und Du weißt, wie Du auf die neuen Ziele gekommen bist. Du kannst also abstrahieren oder vorhersehen, was in einer neuen Situation richtig für Dich sein wird.

Aber Vorsicht, diese „Friedenszeiten" werden nicht dauerhaft anhalten!

Nein, die nächste Drucksituation wird wieder auf Dich zukommen oder schneller eintreffen, als Dir lieb ist.

Wenn Du jetzt Deine neuen Ziele einfach wieder „über Bord wirfst", wird Dich das noch mehr verunsichern. Bei den neuen Zielen zu bleiben wird aber schwer sein. Halte durch! Sicher wirst Du auch Fehler in Deinen neuen Zielen haben, aber die kannst Du erkennen und korrigieren, ohne Dich komplett von den Zielen zu lösen.

Eines der wichtigsten neuen Ziele werden die künftigen Karriereaussichten sein. Natürlich musst Du erst einmal in Deiner Erstverwendung als Führungskraft zeigen, dass Du keine Fehlbesetzung bist.

Wenn die Entscheidungsträger, die Dich in diese Position gebracht haben, nicht völlig falsch gelegen haben, wird Dir das auch gelingen.

Du wirst Dich in diesem Erstamt auch wohl fühlen, wenn Du erst die ersten „Wehen" der neuen Aufgabe hinter Dich gebracht hast.

Aber dann wird es passieren!

Du willst mehr.

Jetzt musst Du Dir überlegen, ob Du bereit bist, die nächsten Schritte zu gehen. Du musst nämlich Deine Karriereziele anpassen. Dazu gehört es vor allem, die Organisation zu wechseln. Du musst raus aus Deiner vertrauten Umgebung. Es warten neue Herausforderungen auf Dich. Und das ist nicht einfach nur eine Standardformulierung.

Du musst bereit sein, Dich einer neuen und oftmals auch völlig anderen Aufgabe zu widmen. Es reicht nicht mehr aus, in einer Organisation Führungskraft zu sein, in der Du Deine persönliche Fachkenntnis als Sachbearbeiter einbringen kannst.

Wenn Du wirklich in „Führungsämter" eintreten willst, solltest Du Dich in Bereiche begeben, in denen Du noch nicht gearbeitet hast. Die hohe Kunst der Führung beginnt in fremden Arbeitsgebieten. Hier hast Du kein Fachwissen, sondern kannst Dich nur noch auf Dein Personal verlassen. Du kannst es auch nicht mehr unmittelbar kontrollieren, weil Dein Personal (bedeutend) mehr Ahnung vom Thema hat, als Du es haben kannst.

Inwieweit musst Du jetzt Deine Ziele anpassen?

Tja, entweder versuchst Du das Fachwissen schnellstens zu bekommen, um wieder „schlauer" als Dein Personal zu sein. Das ist anstrengend und Du musst Dich tief in die Themen einarbeiten.

Unser Tipp: Kümmere Dich lieber um die Menschen.

Du hast in dieser Situation eine einmalige Möglichkeit, die Du nicht verpassen solltest.

Du kannst Dich nahezu völlig auf das Führen der Menschen konzentrieren. Es ist nämlich eine Kunst, sich eher grob und eben nicht im Detail bei einer Thematik auszukennen und trotzdem die richtigen Entscheidungen zu treffen.

Geht das überhaupt?

Na klar!

Jede Führungskraft, die eine Vielzahl Menschen führen muss, hat gar keine Zeit und damit auch keine Chance, sich tief in ein Thema einzuarbeiten.

Dazu gibt es Standardfragen, mit denen Du Dich bei Deinem Personal über die aktuelle Situation informieren kannst, z.B.:

- Worin liegen die Chancen?
- Welche Risiken müssen wir dabei bedenken?
- Was könnte uns daran hindern, den betrachteten Weg zu gehen?
- Was würde passieren, wenn wir nichts tun?

Es ist anstrengend und teilweise recht schwierig für Deine Sachbearbeiter, diese Fragen zu beantworten. Sie müssen sich schon tief mit dem Thema auskennen, um die Fragen beantworten zu können.

Dein Vorteil besteht darin, dass man Dich nur mit den wichtigen Infos versorgt, die Du zum Führen brauchst.

Dein persönlicher Zielwechsel betrifft also vor allem die Art und Weise, wie Du mit Deiner Umwelt umgehen und kommunizieren möchtest.

Bist Du der Wissende, zu dem alle kommen müssen?

Oder bist Du der Steuernde, der für einen geregelten Ablauf sorgt?

Beides gleichzeitig zu sein, wirst Du im Regelfall nicht schaffen!

Also entscheide Dich.

Horche in Dich hinein.

Wer willst Du sein?

Wenn Du Dir darüber im Klaren geworden bist, musst Du Deine persönlichen Ziele darauf auslegen.

Konsequenzen für Dein Personal

Deine Zieländerung kann auch Dein Personal betreffen. Du möchtest eine bessere Sachbearbeitung erreichen? Dann solltest Du Dein Personal qualifizieren und vielleicht auch Deine Kontrollmethodik anpassen.

Es muss für Dein Personal klar sein, was Du möchtest.

Gehe bitte davon aus,
dass sich in der Arbeitswelt im Regelfall niemand
bewusst falsch verhalten möchte!

Falls das einmal der Fall sein sollte, dann hat hier eine längere Entwicklungsphase stattgefunden. Wenn Du sensibel die Arbeiten Deines Personals betrachtest, müsste Dir eine solche Entwicklung frühzeitig auffallen. Dann liegt es an Dir, entsprechend mit den richtigen Methoden gegenzusteuern.

Im Normalfall fehlt Deinem Personal Wissen, um sich so zu verhalten, wie Du es möchtest.

Sorge dafür, dass Dein Personal weiß, was Du willst!

Nein, Dein Personal muss nicht der gleichen Meinung sein, wie Du es bist!

Es reicht aus, wenn es Deinen Willen kennt. Dein Personal kann sogar eine völlig andere Auffassung vertreten.

Wie reagiere ich darauf?

Viele Führungskräfte geben sich viel Mühe, die Sinnhaftigkeit ihrer Anweisungen zu verdeutlichen. Kann man machen, ist aber nicht so richtig erfolgversprechend. Wer eine andere Auffassung hat, lässt sich nicht einfach überreden, jetzt Deine Meinung zu haben.

Wenn Du es trotzdem versuchst, nimmst Du Deinem Personal regelrecht die Möglichkeit, eine eigene Meinung haben zu dürfen.

Das ist nicht sinnvoll!

Warum?

Weil Dein Personal dem Willen der Führungskraft sowieso folgt!

Was Du machen solltest, ist die Meinung Deines Personal anzuhören und zu berücksichtigen. Für Dein Personal ist es wichtig und sicherlich auch sinnvoll, wenn es Dich beraten konnte. Es wird es akzeptieren, wenn Du trotzdem einen anderen Weg gehst. Es reicht dem Personal meist aus, wenn Du aufmerksam und konzentriert zuhörst.

Für Dich besteht der Vorteil darin, dass Du gute und sinnvolle Ansätze Deines Personals ganz oder teilweise übernimmst. Trotzdem ist es wichtig, dass jedem klar ist, dass DU die Organisation führst und die Entscheidungen triffst.

Also triff die Entscheidungen auch!

Damit Du das kannst, musst Du Dir Deiner Zielwechsel bewusst sein.

Teile sie Deinem Personal mit.

Gebe eine Info darüber, wie Du die neuen Ziele erreichen möchtest und vor allem, welchen Beitrag Dein Personal einbringen kann und muss.

Aber auch hier musst Du wieder vorsichtig sein!

Dein Personal hat auch persönliche Ziele.

Natürlich kannst Du Deine Ziele nicht vollständig auf die Einzelziele Deines Personals ausrichten.

Je mehr Mitarbeiter Du hast, desto mehr Einzelziele gibt es, die im Regelfall in einem Zielkonflikt zueinander stehen. Hier liegt es an Dir, die Richtung vorzugeben.

Gerade wenn es um die persönliche Karriere des Einzelnen geht, werden Konflikte entstehen:

- **Es gibt Menschen, die als Sachbearbeiter Karriere machen wollen.**
  Für sie sind andere Kollegen mit den gleichen Ambitionen eine Bedrohung. Du solltest Dir gut überlegen, wen Du hier in welcher Form förderst. Glaube nicht, dass die anderen Mitarbeiter uneingeschränktes Verständnis dafür haben, wenn diese Personen gefördert werden. Bei „Überfliegern" wird das gehen. Aber gebe Dich keinen Illusionen hin, „Überflieger" sind eher selten und im Regelfall nicht in Deiner Organisation. Also sei sensibel beim Fördern.

- **Es gibt Menschen, die mit ihrem Leben und ihrer Position in der Arbeitswelt zufrieden sind.**
  Diese Menschen kannst Du nicht einfach mit Verbesserungen oder Karriereansätzen „beglücken". Sie wollen auch weiterhin ihr – aus ihrer Sicht – „beschauliches" Leben behalten. Lasse sie in Ruhe und versuche nur deren Wünsche zu erfüllen, wenn sie denn welche haben. Gerade bei diesen Menschen ist das schwierig, weil sie erfahrungsgemäß so zufrieden sind, dass sie Dir noch nicht einmal eine Antwort geben können, wenn Du sie nach ihren Wünschen fragst.

- **Es gibt Menschen, die sich für limitiert halten, obwohl Du deren Stärken ziemlich gut erkennen kannst.**
  Sie können aber diese Stärken nicht erkennen, weil sie nicht so recht daran glauben, dass sie mehr leisten können.

Diese Menschen sind für Dich die größte Herausforderung. Einerseits möchten sie nicht „zu ihrem Glück gezwungen" werden. Sie möchten auch weiterhin ihre Selbstbestimmtheit behalten. Andererseits sind sie hin und her gerissen, weil sie es sympathisch finden, wenn Du weit mehr in ihnen siehst, als sie selbst es tun.

Du wirst sie nicht einfach überreden können. Bleibe sensibel. Fördere sie, wenn sie es zulassen.

Trotzdem kommt irgendwann der Moment, in dem Du Dir überlegen musst, wie weit Du gehen willst. Hast Du eine klare Auffassung zum Können der Person, musst Du vielleicht im richtigen Moment auch mal Druck auf sie ausüben. Sie werden es Dir erst Jahre später danken können, wenn sie denn selbst endlich erkannt haben, dass mehr in ihnen steckt und sie die neue Aufgabe nachweislich meistern können.

Lass Dich nicht davon beirren.

Trotzdem solltest Du Dir gut überlegen, welchen dieser Wege Du gehst. Meist sind es nur wenige Fälle, bei denen das geht. Also übertreibe Dein Engagement auch nicht!

Konsequenzen für die Organisation

Wenn Du neue Ziele setzen möchtest, muss Dir klar sein, dass Du nicht alleine und völlig eigenständig in Deiner Organisation agieren kannst. In jeder Organisation gibt es Organisationsziele, die Du zu berücksichtigen hast.

Laufen Deine neuen Ziele in eine andere Richtung, werden Dir Deine Vorgesetzten recht schnell Grenzen aufzeigen!

Das ist für Dich unangenehm und auch nicht gerade karriereförderlich.

Du kennst die Organisationsziele nicht?

Dann machst Du etwas ganz gravierend falsch!

Eine Führungskraft MUSS die Organisationsziele kennen, weil gerade sie es ist, die dem Personal die Organisationsziele vermitteln muss.

Insoweit sollte es auch kein Problem sein, seine eigenen Ziele mit denen der Organisation abzugleichen und zu prüfen, ob es hier zu Zielkonflikten kommen kann.

Falls ja, musst Du Deine Ziele anpassen.

Die Organisation wird es nicht tun, es sein denn, Du bist die höchste Führungskraft in der Organisation. Aber auch diese Führungskraft muss die eigenen Idee hinter die Gesamtidee der Organisation zurückstellen.

Also zusammengefasst:

Ja, Du kannst Deine Ziele ändern!

Allerdings bist Du nicht allein „auf der Welt"!

Deine Zielveränderung hat Auswirkungen.

Deshalb musst Du zwar nicht auf einen Zielwechsel verzichten. Aber Du solltest Dir den Zielwechsel gut überlegen und die jeweiligen Konsequenzen abschätzen.

8 - Sieh Dich als (sinnvollen) Teil des Systems!

Du bist nun Führungskraft und ragst aus „der Masse" heraus.

Ist das so?

Was lässt Dich glauben, dass Du etwas Besonderes bist?

Man hat Dich herausgehoben, das ist schon richtig. Aber ist das jetzt auch eine Legitimation dafür, sich herausgehoben zu fühlen?

Du bist noch immer der gleiche Mensch.

Eine andere Position in der Organisation macht Dich weder zu einem besseren noch zu einem schlechteren Menschen!

Warum ist das wichtig zu wissen?

Weil Du noch immer Teil eines Systems bist. In einem System hat jeder Baustein eine bestimmte Aufgabe und muss innerhalb dieser Aufgabe funktionieren. Nur dann handelt es sich um einen funktionalen und sinnvollen Baustein.

Alle Mitarbeiter übernehmen eine sinnvolle und wichtige Aufgabe im Gesamtgefüge der Organisation.

Ohne jeden Einzelnen funktionieren die Arbeitsabläufe nicht.

Und jetzt, nachdem Du Führungskraft geworden bist, ändert sich daran nichts. Die Organisation ist nicht plötzlich von Dir abhängig geworden oder ohne Dich nicht mehr arbeitsfähig.

Solltest Du das glauben, löse Dich schnellstens von diesem Gedanken!

Zum einen liegst Du falsch und zum anderen wirst Du mit dieser Einstellung früher oder später scheitern.

In einem funktionierenden System ist die Führungskraft ein lenkendes Element. Wenn die Führungskraft richtig funktioniert, wird sie auch richtige Lenkbewegungen auslösen und einen Beitrag dazu leisten können, dass sich die Organisation **in die richtige Richtung** bewegt.

Aber Vorsicht, das ist kein Automatismus!

Eine falsche Lenkbewegung kann **das Gegenteil** bewirken.

Die dritte Variante ist die für Dich schwierigste.

Wenn Du nicht richtig funktionierst, wird Deine Lenkbewegung **gar nichts auslösen!**

Sowas kommt vor allem dann vor, wenn man nicht ernstgenommen wird.

Einer Führungskraft, die sich für den wertvollsten Teil einer Organisation hält, wird das früher oder später genauso passieren. Während Du Dich noch im Gefühl „sonst", etwas Besonders zu sein, lacht Dein Umfeld bereits über Dich. Und je weniger Du merkst, was um Dich herum passiert, desto lauter lacht man hinter Deinem Rücken.

Kann man dagegen etwas tun?

Ja, ein sinnvoller Teil des Systems werden. Und wie wird man ein sinnvoller Teil des Systems? Indem man erstmal so bleibt wie man ist. Es gibt einen bestimmten Grund, warum man Dich als Führungskraft ausgewählt hat. Dieser Grund liegt einerseits in Deinem aktuellen Verhalten und andererseits in einer positiven Prognose.

Dein persönliches Verhalten als Mensch

Dein aktuelles Verhalten hat Dich von den anderen Personen um Dich herum insoweit abgehoben, dass man es positiv registriert hat und Dich darauf basierend an andere Aufgaben heranführen möchte.

Wenn Du jetzt Dein Verhalten grundlegend änderst, ändern sich auch die Voraussetzungen der Betrachtung.

Es ist ja gerade dieses Verhalten, das Dich ausgezeichnet hat. Hierzu zählen oftmals Empathie für andere Menschen und Durchsetzungsvermögen, gerade weil man eben noch keine Führungskraft war.

Ja, es gibt auch die anderen Fälle, bei denen die persönlichen Fähigkeiten eher eine geringe Rolle spielen und es letztlich nur um die fachliche Kompetenz geht. Diese Fälle werden aber immer weniger. Gehe lieber davon aus, dass Deine menschlichen Fähigkeiten den Ausschlag gegeben haben.

Also versuche, auch weiterhin der gleiche Mensch zu sein, der Du momentan bist. Ja, das ist schwer. Deine neuen Aufgaben werden Dich immer wieder auf die Probe stellen. Du musst mit Deiner Umwelt so wie jetzt versuchen auszukommen, obwohl Deine Umwelt sich Dir gegenüber anders verhalten wird. Sie wird Dich nämlich möglicherweise künftig nicht mehr in Deinen menschlichen Fähigkeiten betrachten, sondern Dich hauptsächlich in der neuen Rolle als Führungskraft wahrnehmen.

Aber denke daran, Deine Vorgesetzten und vor allem die Dich zur Führungskraft ernennenden Personen wollen vermutlich die gleiche Person sehen, die sie ausgewählt haben.

Also versuche, der gleiche Mensch zu bleiben!

Dein persönliches Verhalten als Führungskraft

Während Du noch als Mensch so bleiben sollst wie Du bist, darfst Du das als Führungskraft nicht mehr. Bislang warst Du Sachbearbeiter oder Du bist Berufsanfänger und hast bisher nur Jobs gehabt.

Du hast die Aufgaben, die Dein Chef Dir übertragen hat, gelöst und Dich dann den nächsten Aufgaben gewidmet.

Jetzt bist Du selbst der Chef und musst diese Aufgabenverteilung vornehmen.

Du musst die Aufgabenerledigung und die notwendige Qualität einfordern.

Das heißt natürlich nicht, dass Du jetzt unhöflich werden sollst!

Nein, Du musst vielmehr unmissverständlich Deine Anforderungen an das Personal deutlich machen.

Und genau hier passieren die meisten Fehler!

Oftmals glauben Führungskräfte, dass die Übermittlung von Aufgaben mit einer zur Schau gestellten Härte oder vielleicht sogar Arroganz erfolgen muss, damit die eigenen Mitarbeiter überhaupt das tun, was sie tun sollen. Hierbei wird aber vielfach vergessen, dass sich Mitarbeiter des Unterschieds zwischen Sachbearbeiter und Führungskraft sehr wohl bewusst sind.

Sicherlich werden sie anfangs ausprobieren, wieviel Freiheit ihnen die neue Führungskraft gibt und ob sie vielleicht sogar mit kleinen Frechheiten davonkommen.

Das macht aber nicht jeder so.

Eine Vielzahl von Mitarbeitern möchte einfach nur in Ruhe ihrer Arbeit nachgehen und hat keine Lust auf „Machtspiele". Diesen Mitarbeitern solltest Du einfach „nur" Ruhe entgegenbringen, ihnen ihre Aufgaben geben und Dich für Entscheidungen oder Ratschläge zur Verfügung stellen.

Bei den anderen Mitarbeitern kannst Du gerne auch mal deutlicher werden, wenn es um die Frage geht, wer das Sagen hat.

Aber übertreibe es nicht!

Wenn die Mitarbeiter das Gefühl haben, Du müsstest um Deinen „Status" als Führungskraft kämpfen, wird man Dich schnell nicht mehr ernstnehmen.

Das persönliche Verhalten „in der Mitte"

Das System der Organisation erwartet von Dir, dass Du funktionierst.

Tue es einfach!

Mache Dir nicht so viel Gedanken darum, was wohl die anderen Personen um Dich herum sagen werden. Selbst, wenn Du es wüsstest, was aber sehr unwahrscheinlich ist, Du kannst das Reden der Menschen nicht verhindern oder bewusst lenken.

Versuche es erst gar nicht.

Bleib ruhig und besinne Dich auf Deine Aufgaben.

Du hast die Verantwortung zum Treffen von Entscheidungen. Bitte nicht darum, dass man Dir bei einer Entscheidung hilft. Hole Dir lieber Informationen über Sachverhalte bei Deinem Personal ein und lasse es dadurch an Deinen Entscheidungen teilhaben.

Lasse es zu, dass man Dich berät.

Zeige, dass Du über die Ratschläge nachdenkst. Wenn sie sinnvoll sind, übernehme Teile davon und lass es Dein Personal wissen, dass Du das machst. Übernimm dabei aber nicht „blind" den Willen von jemandem.

Löse Dich von der Sachbearbeitung. Dein Personal ist dafür zuständig. Löse die Probleme nicht mehr selbst, sondern unterstütze Dein Personal. Gib dabei die Lösungen nicht einfach vor, sondern hilf Deinem Personal, selbst die Lösung zu finden.

Versuche innerlich der gleiche Mensch zu bleiben, auch wenn das manchmal sehr schwer erscheint.

Denke daran, nicht Du sollst Dich als Mensch ändern, sondern die Umwelt um Dich herum reagiert auf Dich als Führungskraft. Das lässt es oftmals so erscheinen, als wenn man sich auch ändern müsste.

Dem ist aber nicht so.

Besser ist es, seine Arbeitsorganisation und sein Handeln anzupassen, aber nicht die innere Person zu verändern.

Wenn Dir das gelingt, wirst Du der Teil des Systems sein, den man von Dir erwartet. Du wirst Spaß an der Arbeit einer Führungskraft haben. Und der große Teil Deines Personals wird Dich ernst nehmen.

Für die anderen musst Du Dich anders verhalten und durchaus auch mal strenger werden.

Lass das aber bitte nicht an denjenigen aus, die dafür nichts können und die auch nur ihren Job machen!

9 - Vertraue Dir!

Glaube an Dich und Deine Entscheidungen. Nimm alle Informationen, die Du hast und vertraue darauf, dass Dich Deine Intuition die richtige Entscheidung finden lässt. Intuition entsteht aus der Summe Deiner Erfahrungen, und das ist ein Schatz, auf den Du setzen kannst!

Wer – außer Dir – sollte Dir besser vertrauen können. Ja, es besteht natürlich die Gefahr, dass Du abhebst. Das passiert Dir, wenn Du glaubst, als einziger eine Situation richtig beurteilen zu können. Hier solltest Du Dir die Meinungen anderer Menschen einholen.

Allerdings musst Du diese Meinungen eigenständig beurteilen und daraus eine eigene Entscheidung treffen.

Bist Du unsicher mit Dir selbst, wirst Du Dich zu viel auf andere Einschätzungen verlassen. Dann kann man Dich und Dein Handeln beeinflussen und sogar steuern. Das solltest Du so nicht zulassen. Natürlich musst Du Weisungen von Personen folgen, die in der Hierarchie oberhalb von Dir stehen und befugt sind, Dir Weisungen geben zu dürfen. Aber in diesem Fall übernimmt der Weisungsgeber die Verantwortung für die gegebene Weisung.

Wenn Du Dich steuern lässt, ohne dass der „Lenker" offen in Erscheinung treten muss, bist Du ganz alleine für die dann folgende Handlung verantwortlich.

Das ist für die „unsichtbaren Lenker" geradezu ideal.

Ja, das wird man ab jetzt ständig mit Dir probieren! Man wird versuchen, Dich zu instrumentalisieren. Wenn es gut geht, wird der „Lenker" – natürlich nicht Dir – sagen, dass ausschließlich er für den Erfolg verantwortlich war. Geht es schief, wird der „Lenker" am lautesten auf Dich schimpfen: „Das war doch absehbar! Wie kann man nur so handeln!".

Versuchst Du ihn darauf anzusprechen, wird er sagen: „Ich habe doch nur mal laut gedacht und nie geglaubt, dass Sie das wirklich machen!" oder „Eigentlich war das als Warnung gedacht, dass man das so nicht machen kann!".

Das ist nicht schön, aber so ist halt das Leben!

Du solltest daraus aber jetzt nicht die Formel machen: „Vertraue NUR Dir!".

Wir kennen einige Führungskräfte, die danach arbeiten und nicht glücklich sind.

Diese Formel macht einsam und misstrauisch zugleich. Du kannst nun mal nicht alles wissen. Deshalb ist es sinnvoll, sich auch auf andere Informationen zu verlassen.

Wenn Du die Möglichkeit hast, solltest Du Dir immer mehrere Informationsquellen erschließen, um die jeweiligen Informationen zu verifizieren. Falls das nicht möglich ist, muss man sich auch mal auf nur diese eine Infoquelle verlassen.

Aber lass uns zu Deinem eigenen Vertrauen zurückkommen.

Wie baut man sein eigenes Vertrauen – das Selbstvertrauen – auf? Vor allem durch das Üben richtiger Handlungen und das Analysieren von Deinen Fehlern.

Ja, Du machst Fehler und das ist auch okay! Fehler zu machen, ist nicht schlimm. Schlimm ist es, aus den Fehlern nicht zu lernen!

Jeder Fehler bringt Dich voran. Also solltest Du vor Fehlern keine Angst haben, sondern sie als Quelle der Weiterbildung für Dich selbst betrachten.

Aber Vorsicht!

Die Anzahl der Dir zugestandenen Fehler ist begrenzt. Du kannst nicht einfach anfangen und „wahllos" Fehler machen, damit Du daraus lernen kannst.

So einfach ist es dann doch nicht.

Die Kunst besteht darin, möglichst vieles richtig machen zu wollen.

Aber nicht um jeden Preis!

Es geht darum, seinen eigenen Wissenshorizont langsam und „ohne Gewalt" zu erweitern. Dazu braucht man Zeit, die man sich nehmen sollte und auch darf. Wenn Du die Ruhe bewahrst, wird sich die Anzahl Deiner Fehler deutlich verringern.

Aber nicht übermütig werden!

Die Zahl Deiner Fehler wird sich nicht auf NULL reduzieren können. Dazu ist die Arbeitswelt zu komplex und dazu hast Du auch zu wenig Einfluss auf alle Rahmenparameter um Dich herum.

Dein Vorteil, wenn Du begonnen hast, Dir zu vertrauen, ist die Ruhe, die Du nach außen ausstrahlen wirst. Wer ständig Angst hat, Fehler zu machen, ist sehr schnell erkennbar. Der Ruhige ist es auch.

Sobald Du Dir vertraust, musst Du keine weitere besondere „Coolness" an den Tag legen. Dein eigenes Vertrauen lässt Dich von alleine cool wirken. Und das wird dann zu einer „Spirale" führen. Je mehr Du Dir vertraust, desto cooler wirkst Du. Je cooler Du wirkst, desto mehr wird man Dir vertrauen. Und wenn Dir andere vertrauen, wirst Du Dir selbst auch vertrauen.

Eine durchaus kuriose Erkenntnis in der Arbeitswelt.

Tja, umgekehrt geht das leider auch, weshalb Du das vermeiden solltest.

Wenn Du Dir nicht vertraust, wirst Du nervös sein. Diese Nervosität werden andere sehen und Dir deshalb nicht so vertrauen, wie Du es Dir wünschen würdest. Und weil sie das nicht machen, wirst Du noch nervöser und Dir selbst nicht vertrauen!

Lass Dir das mal durch den Kopf gehen!

Entscheide Dich lieber für die erste Variante.

Also baue Dir das Vertrauen Dir selbst gegenüber behutsam auf!

10 - Gehe sorgsam mit Dir um!

Du bist die beste, nachhaltigste und einzige Ressource, auf die Du dauerhaft zurückgreifen kannst und musst. Der sorgsame Umgang setzt zunächst voraus, dass Du achtsam bist – mit Dir und Deiner Umwelt.

Erkenne Deine Bedürfnisse und Deine Grenzen!

Sehe Dich nicht als unerschöpflich an und beute Dich nicht aus!

Dein Körper wird eine Weile unter Hochdruck funktionieren, aber nimm dies nicht als Garantie.

Das ist sicherlich auch etwas vom Alter abhängig. Je jünger Du bist, desto länger kannst Du unter Hochdruck arbeiten. Mit zunehmenden Alter werden diese Fähigkeiten geringer.

Aber natürlich ist das auch immer eine Typfrage. Je belastbarer man als Mensch ist, desto weniger spielt das Alter eine prägende Rolle. Man kann auch in einem höheren Berufsalter hoch belastbar sein, während jüngere Menschen eine geringe Belastungsgrenze haben, wenn sie ein solcher Typ sind.

Du musst selbst herausfinden, wer Du bist und zu welchem Typ Du gehörst. Das hat nichts mit Wertung zu tun. Man ist nicht toll, wenn man hoch belastbar ist und auch nicht schwach, wenn man weniger belastbar ist.

Bewerte Dich nicht nach solchen Kriterien. Sonst läufst Du einem Idealbild hinterher, das Du niemals erreichen kannst.

Also, es gibt in dieser Betrachtung nur Dich.

Schau nicht auf Andere, auch wenn das schwer ist!

Aber egal, wie Du als Typ aufgestellt bist. Von einer Minute auf die andere kann es sich ändern und Dein Körper wird Dir deutliche Grenzen zeigen.

Wenn es gut läuft, korrigierst Du Deine Belastung und Dein Körper findet wieder zu einem für Dich sinnvollen Rhythmus.

Übertreibe es aber nicht.

Wenn Du zu viel „Raubbau" mit Deinem Körper betrieben hast, können Folgen auftreten, die nicht mehr reversibel sind. Dann wird Deine Berufsfähigkeit ihre Grenzen finden und Du wirst möglicherweise sogar aus dem Berufsleben ausscheiden müssen.

Lass' es nicht so weit kommen.

Wenn Du in der Gefahr stehst, möglicherweise dauerhafte Schäden davonzutragen, musst Du handeln! Daher muss es Dir gelingen, schon sehr viel früher einen sorgsamen Umgang mit Dir selbst zu pflegen.

Du kannst Dich in Deiner Aktivität im Beruf bremsen und lieber etwas kürzertreten. Das ist aber unglaublich schwer. Immerhin bist Du ja froh, Führungskraft zu sein.

Es gibt noch weitere Möglichkeiten.

Dazu gehören Sport und Bewegung. Nutze diese Möglichkeiten. Sie sind eine Unterstützung für den Körper.

Da gibt es aber noch mehr. Du musst für einen sorgsamen Umgang mit Deiner mentalen Verfassung sorgen:

- **Verzeihe Dir Deine Fehler!**

  Du hast Fehler! Ja, unschön zu wissen, aber es ist so! Was aber viel wichtig ist: Du darfst sie haben. Jeder Mensch macht Fehler. Die Fehler machen einen Menschen nicht zu einem Problem.

Nein, Fehler machen Dich menschlich. Trotzdem solltest Du dafür sorgen, dass Du Deine Fehler kennst und mit ihnen umzugehen lernst.

- **Arbeite an Deinen Ungenauigkeiten und verzeihe Dir auch diese!**
  Ungenau zu sein, kann in der Berufswelt ein Problem sein. Wenn Du Führungskraft bist, müssen Deine Mitarbeiter wissen, womit sie es zu tun haben. Versuche also in Personalangelegenheiten so genau wie möglich zu sein. Wenn Dir das in anderen Sachfragen nicht immer gelingt, dann verzeihe Dir. Aber sorge dafür, dass Du Deinem Personal gegenüber genauer wirst.

- **Verzeihe Deinen Mitmenschen!**
  Eine der schlimmsten Erkenntnisse für Dich als Führungskraft wird sein, dass Dein Personal nicht nur einmal Fehler macht, sondern öfter auch die gleichen Fehler mehrfach. Das nervt unglaublich. Sich hier zurückzuhalten ist schon eine Kunst. Versuche es. Je mehr Geduld Du hast, desto besser wirst Du Dein Personal verändern können. Du kannst es sicherlich nicht einfach so verbessern. Aber Du kannst ihm das Umfeld schaffen, besser zu werden. Vertrauen und Geduld sind eine gute Wahl. Wer das Vertrauen missbraucht, muss die Konsequenzen „spüren". Trotzdem obliegt es Dir, auch diesen Menschen zu verzeihen. Dasselbe gilt natürlich auch für die Fehler Deiner Vorgesetzten und Kollegen.

- **Bleibe bei Dir und Deinen Bedürfnissen!**
  Wir Menschen möchten eigentlich immer mehr erreichen und gewöhnen uns schnell an Erfolge.

Versuche, Dich davon nicht beeindrucken zu lassen. Finde Deine eigene Bedürfnispyramide, wähle Deine eigenen Bedürfnisse. Wenn Du sie kennst, bleibe dabei. Dadurch reduzierst Du die Chance auf Enttäuschungen.

- **Gönne Dir Pausen und Freude!**

„Der Vorgang ist unfassbar wichtig!". Kennst Du das schon? Kennst Du eine Führungskraft, die nicht eine bestimmte Sache für unglaublich wichtig hält? Das ist auch okay so. Aber wenn Du alles für unglaublich wichtig hältst, wirst Du kein Ende mehr finden. Dann bist Du 24 Stunden am Tag im Einsatz. Du hältst das auf Dauer nicht durch. Du brauchst Pausen. In den Pausen brauchst Du Freunde, die nicht nur über die Arbeit mit Dir reden. Wenn Du die wichtigen Pausen für Arbeitsgespräche missbrauchst, haben die Pausen auch keinen realen Gesundheitswert für Dich. Suche Dir also durchaus Freunde, die nichts mit Deinem Beruf zu tun haben.

- **Liebe Dich selbst!**

Na ja, aber nicht zu viel, sonst wird Dich die Selbstverliebtheit zu Fall bringen! Nein, uns geht es darum, dass Du bei Enttäuschungen, die Du als Führungskraft in hohem Maß erleben wirst, immer noch bei Dir bleibst. Wenn Du nicht aufpasst, wirst Du plötzlich von Dir selbst enttäuscht sein. Dann machst Du Dir Vorwürfe. Das sollte nicht passieren. Natürlich darf man sich selbst einzelne Vorwürfe machen. Das kann unglaublich helfen. Aber Du solltest nicht anfangen, Dich von Dir selbst abzuwenden. Behalte Dir eine gesunde Liebe zu Dir selbst.

Wenn alles ideal läuft: Akzeptiere Dich genauso wie Du bist, mit Deinen Besonderheiten, Stärken und auch Schwächen.

11 - Kritik kann unbegründet sein, na und?

Als Führungskraft muss man sich damit „anfreunden", vielfach in der Kritik zu stehen.

Ja, das ist der Preis Deiner Stellung als Führungskraft, ob Du es so wolltest oder nicht!

Hat ein Sachbearbeiter etwas falsch gemacht, wird auf Führungsebene nicht so sehr gefragt, was denn das für ein Sachbearbeiter ist.

Nein, löse Dich von dieser Idee!

Auf Führungsebene wird erstmal die Frage gestellt, wer denn die Führungskraft des „schwachen" Sachbearbeiters ist.

Du hast es dem Sachbearbeiter schon oft gesagt? Na und? Du bist die Führungskraft und damit für die Person verantwortlich. Hättest Du Deinen Job richtig gemacht, würde es nicht so weit kommen.

Du kannst nichts dafür?

Schöne Träumerei!

Als Führungskraft bist Du immer verantwortlich!

Ungerecht?

Wen interessiert das schon!

Mach Dich davon frei! Es ist nun mal so.

Daran kannst Du auch nichts ändern. Das haben schon viele versucht. Sie haben probiert, die ganze Problematik auf die Sachbearbeiter zu wälzen und mit „Fingern auf sie gezeigt".

Das hilft aber nicht. Es zeigt nur, dass Du eine schwache Führungskraft bist. Willst Du eine starke sein, solltest Du das einfach zur Kenntnis nehmen und weitermachen. Vielleicht gelingt Dir ja auch eine Verbesserung.

Wenn nicht, dann ist das halt so.

Nein, Du darfst nicht einfach gleichgültig werden!

Verstehe uns bitte nicht falsch. Jetzt zu denken „Ist doch egal!" wäre ein grober Fehler. Erfahrene Führungskräfte werden das sehen und Dein Ruf würde leiden! Es ist viel besser, sich bewusst zu sein, dass man als Führungskraft nun mal an vielem „schuld" ist. Wenn Du Dir das einmal klargemacht hast, kannst Du viel lockerer mit der „Anschuldigung" als solcher umgehen.

In dieser Sache geht es also nicht darum, etwas Bestimmtes zu tun, sondern vielmehr nur, das Bewusstsein über die „Tatsache" verinnerlicht zu haben.

Was der Vorteil für Dich ist?

Du bist durch diese Lockerheit viel verträglicher, als würdest Du dauernd nervös andere von Deiner „Unschuld" überzeugen wollen. Eine gute Führungskraft hat diese Lockerheit und kommt deshalb viel eher mit problematischen Situation klar. Und genau das wird von Dir als Führungskraft erwartet.

Du solltest locker und situationsbewusst an die Themen herangehen. Und wenn es Dir gelingt, Dir über die „Tatsache" des „Schuldseins" klar zu sein, wirst Du von erfahrenen Führungskräften ernst genommen.

Aber Vorsicht!

Führungskräfte reden nicht darüber, dass man ja sowieso schuld ist.

Das weiß man.

Darüber zu reden, wäre einfach nur ein Klagen. Und das wird man Dir nicht als professionell anerkennen. Nein, genau im Gegenteil, wer das macht, wird als instabil und nicht unbedingt für ein Führungsamt als geeignet angesehen.

Dieses Motiv wird Dich öfters begleiten.

Man weiß, wie Führung funktioniert, man redet aber nicht darüber.

Wenn Du älter geworden bist oder zu den erfahrenen Führungskräften zählst, kannst Du jüngeren darüber berichten. Aber als junge Führungskraft solltest Du nicht darüber reden.

Eine Führungskraft weiß über ihren Job Bescheid, macht ihn (klaglos) und versucht, ihr Personal zu unterstützen.

Rede lieber in erster Linie über Deinen Job!

Damit hast Du schon genug zu tun.

Wie hältst Du es mit Kritik? Ist sie aus Deiner Sicht eher etwas Negatives oder etwas Positives?

Wie wäre es mal als Alternative, wenn Du Kritik grundsätzlich als etwas Neutrales sehen könntest?

Dann kommt es wirklich nur darauf an, ob die Kritik begründet ist oder nicht. Ist sie begründet, hat das für Dich den Vorteil, dass Du einen Hinweis zur Verbesserung bekommst. Dann weist Dich jemand darauf hin, einen Zustand zu verändern, so dass Du darauf mit einer sinnvollen Handlung reagieren kannst.

Ist die Kritik nicht begründet, hilft sie Dir zumindest nochmal darüber nachzudenken. Dann kannst Du Dir zumindest Gedanken darüber machen, warum derjenige Dich überhaupt kritisiert. Auch das kann zu wertvollen Erkenntnisgewinnen führen.

12 - Achte auf „Führung von unten"!

Mitarbeiter können durch gezieltes Verhalten versuchen, Dich als Führungskraft ebenfalls „zu führen". So gibt es Situationen, in denen gezielt Informationen platziert werden, um Dich zu einem bestimmten Verhalten zu bewegen.

Aber wie funktioniert „Führung von unten" genau?

Kontrolle ist ein wichtiges Element der Führung.

Man kann es dabei auch übertreiben.

In diesem Fall droht „Führung von unten".

Tja, wie funktioniert „Führung von unten"?

Stell Dir vor, Du hättest „eine Macke" bzw. „eine Marotte". Glaube bitte nicht, dass das keiner merkt. Jeder Mitarbeiter wird diese „Macke" schnell bemerken.

Dann kann man diese „Macke" auch bewusst herbeirufen.

Jede „Macke" hat einen Auslöser. Beispielsweise neigen kontrollsüchtige Menschen dazu, alles zu kontrollieren, was auf ihrem Schreibtisch landet. Ein Mitarbeiter hat aber keine Lust, einen komplizierten oder auch recht unangenehmen Vorgang selbst bzw. unter eigenem Namen fertigzustellen.

Was machst Du also – als der kontrollsüchtige Vorgesetzte – mit einem nicht ausreichend durchdachten Vorgang? Du wirst Dich erstmal ärgern, dass er überhaupt Deinen Schreibtisch erreicht hat.

Also wirst Du den Sachbearbeiter zu Dir kommen lassen und ihn zum Vorgang befragen. Er wird Dich mit unschuldigen und treuen Augen anschauen und Dir klarmachen, dass er es doch nicht besser wusste.

Und genau jetzt machst Du Deinen ersten Fehler!

Du bist nämlich der Meinung, dass Du sowieso der beste Sachbearbeiter bist und der Mensch vor Dir es nicht verstehen wird, wenn Du ihm Deine gesamte „Kenntnis" mitteilst.

Also machst Du gleich den zweiten Fehler!

Du wirst den Vorgang selbst übernehmen und ihn zu einem – wie Du selbst glaubst – vernünftigen Ergebnis führen.

Damit hat das „Führen von unten" funktioniert.

Du bist glücklich, weil Du glaubst, etwas „Intelligentes" getan zu haben und der Sachbearbeiter freut sich, weil er die gesamte „Schuld" für den Vorgang oder auch nur die Arbeitslast auf Dich abwälzen konnte.

Der Unterschied besteht darin, dass der Sachbearbeiter und vielleicht auch seine Kollegen darüber grinsen und Du im Zweifel der Einzige bist, der nicht verstanden hat, was da abgelaufen ist.

Die Höchststrafe ist dann auch noch, wenn Dir die Mitarbeiter lächelnd entgegenkommen, weil sie wissen, dass man Dich hereingelegt hat, und Du der Meinung bist, sie freuen sich, weil sie einen so „tollen" Chef haben.

Tut uns leid, Kollege Führungskraft, das haben wir schon oft gesehen und uns hat die betreffende Führungskraft leidgetan.

Das „Geheimnis" wird nämlich nicht immer eines bleiben. Leider wird der Tag kommen, an dem Du merkst, was da gelaufen ist. Und dann wird es nicht schön für Dich sein, so bedacht worden zu sein.

So, und jetzt?

Kann man sich gegen so etwas „wehren"?

Leider nicht immer!

Das passiert selbst den Besten. Mach Dir nichts draus, wenn es Dir passiert ist. Wenn es Dir peinlich ist, wirst Du die Wirkung bei Deinem Personal nur verstärken.

Lächle und sehe es locker.

Vielleicht fällt Dir ja auch ein lockerer Spruch ein, z.B. „Ok, diesmal habt Ihr mich erwischt! Lasst es aber nicht zur Gewohnheit werden!".

Lässt Dich das nicht schwach aussehen?

Nein, genau das Gegenteil ist der Fall.

Damit zeigst Du Deinem Personal etwas sehr Wichtiges: „Ich habe es bemerkt!".

Deine Mitarbeiter überlegen sich danach genau, ob sie sowas nochmal machen.

Häufiger macht man das mit Dir vor allem dann, wenn Du einfach nichts bemerkst oder auch nur so tust, als wenn Du etwas bemerkst. Dann wird man die Methode ändern, Dich aber trotzdem weiter „von unten führen".

Versuche es doch mal damit, dass Du die Problematik zurückgibst und darum bittest, mal einen anderen Vorschlag zu machen. Selbst wenn Du es besser weißt, gib Deinem Personal die Chance, selbst zu lernen. Wenn Du immer alles selbst machst, hat Dein Personal keine Chance, sich zu ändern und daran zu wachsen.

Ja, das hat seinen Preis!

Du musst die Kraft haben zu ertragen, dass Vorgänge länger dauern und man Dich von Deiner Vorgesetztenebene unter Druck setzt. Das musst Du bis zu einem gewissen Maß einfach „ertragen".

Eingreifen solltest Du möglichst nur, wenn es nicht mehr anders geht.

13 - Suche Verbündete und Vertraute!

Wozu brauchst Du Verbündete und Vertraute, wenn Du Deine Ziele selbst stecken musst?

Ganz einfach, man kann nicht immer alleine vorwärtslaufen!

Die Welt ist kompliziert und man kann nicht immer alle Problemstellungen meistern. Noch wichtiger ist es aber, dass man nicht alle Probleme auf sich zukommen sehen kann.

Das liegt schlichtweg an der Vielzahl von Informationskanälen, die man weder kennen noch sich darin „einklinken" kann.

Was ist ein Verbündeter? Hierbei handelt es sich um Personen mit gleichen Interessenlagen zu einer bestimmten Thematik. Diese Menschen haben die gleiche Zielrichtung wie Du. Allerdings wird man nicht immer die gleiche Motivation für das Erreichen dieses Ziels haben.

Das ist auch nicht notwendig. Immerhin sprechen wir hier nicht von Freunden oder Freundschaften. Du musst Dich also nicht mit einem Verbündeten anfreunden. Es reicht aus, zeitweise die gleiche Interessenlage zu haben.

Das hat Konsequenzen für Dein Verhalten und Deine Einstellung.

Sei beispielsweise nicht enttäuscht darüber, dass Dein Verbündeter irgendwann „die Seiten wechselt". Er ist immerhin nur temporär mit Dir verbunden.

Und, solltest Du Deinem Verbündeten auch vertrauen?

Na ja, das muss jeder für sich selbst beurteilen.

Als erfahrene Führungskräfte kann man sagen, dass ein grundsätzliches Misstrauen nicht sinnvoll ist.

Man sollte es aber mit dem Vertrauen auch nicht übertreiben.

Lass es uns mal so sagen: Du solltest auch einem Verbündeten niemals blind vertrauen. Das Problem bei Verbündeten besteht einfach darin, dass man den Moment abschätzen können muss, wann der Verbündete „die Seiten wechselt". Ein Tipp hierbei: Es sollte Dir grundsätzlich egal sein, ob der Verbündete das macht und im Grunde auch, wann er es macht!

Du solltest einfach die Zeit, die Du gemeinsam mit Deinem Verbündeten hast, nutzen und Dich stets nach weiteren Verbündeten umschauen. Fällt einer aus, nimmst Du halt den anderen Verbündeten zur Seite.

Glaube bitte nicht, dass das etwas „Geheimes" ist. Diese Vorgehensweise passiert immer um Dich herum. Die Frage ist nicht, ob das ein Problem ist, sondern ob Du bei diesem „Spiel" mitmachst. Für erfahrene Führungskräfte ist diese Methodik so geläufig, dass sie bereits „in Fleisch und Blut übergeht". Wenn man das oft genug gemacht hat, macht man sich gar keine Gedanken mehr darüber, sondern ist ständig am überlegen, wer einem helfen kann und wie lange er das wohl tun wird.

Wenn Du also nicht mitmachen möchtest, ist das okay, aber dann bist Du halt ein Außenseiter!

So, und was hat es jetzt mit den Vertrauten auf sich? Wer ist das und was ist der Unterschied zum Verbündeten?

Nun ja, wie es der Name schon sagt, es ist jemand, dem Du vertrauen können musst. Während Du eine Vielzahl temporärer Verbündeter haben kannst, wirst Du nur eine geringe Anzahl Vertrauter haben. Diese Personen müssen in der Lage sein, die Informationen, die Du mit ihnen teilst, auch für sich zu behalten. Leider ist die Anzahl der Menschen, die das in der Arbeitswelt können, sehr überschaubar.

Überlege Dir also recht gut, wer aus Deiner Sicht ein Vertrauter ist.

Einen Vertrauten kannst Du vor allem dann gebrauchen, wenn Probleme auf Dich zukommen, die Du selbst noch gar nicht erkennen kannst. Ist es Dir gelungen, Vertraute in anderen Führungsebenen zu haben, können sie Dir einen kleinen Zeitvorteil verschaffen.

Achtung!

Wir reden hier nicht über rechtlich zweifelhafte Vorgänge!

Wenn Dir sowas passiert ist, Du also – und sowas kann mal vorkommen – versehentlich in eine illegale Handlung involviert warst, hilft nur eines: Gehe zum Anti-Korruptionsbeauftragten Deiner Behörde und vertraue Dich ihm an. Jetzt im „Dunkeln" zu agieren ist sehr gefährlich. Korruption in der öffentlichen Verwaltung passiert im Regelfall nicht durch die Annahme von Vorteilen für illegale Handlungen. Nein, es ist viel banaler und damit schlimmer: Die Verdeckungshandlungen sind es, die im Regelfall zu schwerwiegenden Korruptionsanklagen führen.

Gehe dieses Risiko nicht ein!

Wenn Du einen Fehler gemacht hast, dann zeige Größe und stehe dafür ein. Der Anti-Korruptionsbeauftragte hilft Dir, aus der Illegalität herauszukommen. Er hilft Dir, die richtigen Wege zu gehen und auch die Konsequenzen Deines Verhaltens zu tragen. Solange man noch nicht mit Verdeckungsmaßnahmen begonnen hat, lassen sich die Konsequenzen im Regelfall tragen.

Aber lass uns zu den Vertrauten zurückkommen.

Vertraute geben Dir die Möglichkeit, Dich auf eine Problemsituation vorzubereiten. Sie helfen Dir vor allem bei Projekten, insbesondere wenn Du die Leitung hast. Nur ein Vertrauter wird Dich über hoch sensible Sachverhalte informieren.

So schön, wie das Berichtswesen im Projektmanagement auch aufgebaut ist, hier werden Deine Mitarbeiter immer nur einfache Sachverhalte darstellen oder solche, an denen sie selbst nicht schuld sind.

14 - Finde Deine Definition von „Erfolg"!

Wann hat man Erfolg? Nun ja, das ist Ansichtssache. Erfolg orientiert sich an den eigenen Zielen.

Der „Unsichtbare"

Wenn Du nicht in Deinem Beruf auffallen möchtest, wäre Dein Ziel, „unsichtbar" in der Organisation zu sein.

Tja, wir wissen doch alle, dass man nicht wirklich unsichtbar sein kann. Das lässt unsere Physik nicht zu. Wenn Du durch Flure gehst oder bei offener Tür am Schreibtisch sitzt, kann Dich jeder sehen, sobald er Dir bis auf Sichtweite näherkommt.

Also was ist gemeint? Hier geht es nicht um die optischen Elemente, sondern vielmehr um die Wahrnehmung:

- Wer arbeiten soll und die Arbeiten wie gefordert erledigt, wird **nicht wahrgenommen**. Die Arbeit wird als selbstverständlich gesehen, der „Erzeuger" ist „unsichtbar". Zu glauben, die korrekt erfüllte Arbeit würde von Führungskräften gesehen, ist naiv.

- Wer nicht arbeiten soll und es auch nicht macht, ist genauso wenig zu sehen. Zu glauben, dass sowas von Führungskräften negativ gesehen wird, ist ebenfalls naiv.

Wenn Du also nicht wahrgenommen werden möchtest, mache genau das, was man von Dir erwartet.

Der Sichtbare

Umgekehrt funktioniert das Prinzip auch:

- Wer arbeiten soll, die Arbeiten aber anders als gefordert erledigt, **wird wahrgenommen**.

    o Hast Du sehr deutlich mehr geleistet, wird man das wahrnehmen.
    o Hast Du deutlich weniger geleistet, ist das genauso wahrnehmbar.
    o Hast Du die Arbeit komplett anders erledigt, ist das auch erkennbar.

- Wer nicht arbeiten soll, es aber trotzdem deutlich erkennbar macht, wird wahrgenommen.

Wenn Du also wahrgenommen werden möchtest, mache deutlich etwas Anderes als man von Dir erwartet.
Das führt zu einer teilweise unschönen Wahrheit des Berufslebens:

Wer sich an die Vorgaben hält, ist unsichtbar.
Wer davon abweicht, ist sichtbar.

Wenn Du also Deinen Erfolg definieren möchtest, richtet sich dieser danach aus, ob Du sichtbar oder unsichtbar sein möchtest. Erreichst Du das, was Du Dir vorgenommen hast, kannst Du diese Zielerreichung als Erfolg werten. Schaffst Du es nicht, wirst Du es Dir von alleine als Misserfolg anlasten.

Abgrenzung zum Selbstbetrug

Was ist Selbstbetrug? Selbstbetrug ist das Aufbauen einer Scheinwirklichkeit, die mit der Realität nicht mehr viel zu tun hat. Wenn Du Dir beispielsweise selbst einredest, Du würdest deutlich mehr machen, als von Dir erwartet wird, obwohl Du nur eher unwesentlich Deine Leistung gesteigert hast.

Solltest Du dagegen unsichtbar sein wollen, merkst aber nicht die Deutlichkeit, mit der Deine Leistung von der Erwartungshaltung abweicht, wäre dies auch eine Form von Selbstbetrug.

Kann oder darf man sich nicht auch mal irren?

Ja, man darf.

Dann muss man den Irrtum aber selbst wahrnehmen, ihn sich eingestehen und eine Änderung vornehmen wollen.

Der Selbstbetrug weicht dann vom Irrtum ab, wenn man sich nicht ändern möchte, obwohl man die Zeichen erkennen und auch deuten könnte.

Was ist das Problem beim Selbstbetrug? Deine Interpretation von Erfolg weicht von Deiner eigenen Zielvorstellung ab, Du willst Dir das aber nicht eingestehen.

Die Folge ist, dass Du Dich innerlich beim Feiern des vermeintlichen Erfolgs unwohl fühlst. Dein Unterbewusstsein weiß nämlich, dass es sich nicht um einen Erfolg handelt. Deshalb werden Kräfte in Dir rebellieren.

Das führt wiederum dazu, dass Du Dich immer weniger und eines Tages vielleicht gar nicht mehr freuen kannst. Und wir reden hier über die Freude über einen vermeintlichen Erfolg.

Wie wirst Du wohl reagieren, wenn Du es mit den Misserfolgen zu tun hast?

In Summe wird sich nachher nur noch dauerhafte Unzufriedenheit einstellen und Du wirst langsam (oder auch schneller) ausbrennen.

Denke bitte daran, eine Führungskraft hat zwangsläufig mit weit mehr unange-
nehmeren Sachverhalten zu tun, als dass sie sich freuen könnte.

Mit Selbstbetrug beraubst Du Dich deshalb einer wichtigen Lebensqualität als
Führungskraft!

15 - Karriere ist nicht vorhersehbar

Und es stellt sich Dir früher oder später noch eine spannende Frage: Was muss ich tun, um Karriere zu machen? Was muss ich persönlich aufgeben oder was muss ich auf mich nehmen, um dahin zu kommen, wohin ich möchte?

Frage Dich, wie Du an die bisherigen Jobs gekommen bist.

Es wird meist nicht so sein, dass Du Jahre vorher bereits weißt, wohin Du kommen wirst. Dazu ist die berufliche Entwicklung von zu vielen Faktoren abhängig.

Es fängt nach Deiner Ausbildung bzw. Deinem Studium an. Der erste Job ist ein Zufallsprodukt. Wenn Du nicht gerade unfassbares Glück hast, und das passiert eher selten, wirst Du dahin „gesteckt", wo man gerade jemanden benötigt.

Du kennst sicherlich den altbewährten Spruch: „Lehrjahre sind keine Herrenjahre!". Damit ist gemeint, dass Du Dich freuen solltest, erstmal (gut) untergekommen zu sein.

Von jetzt an kannst Du mit Deiner Karriereplanung beginnen.

Leider ist sie davon abhängig, ob eine Gelegenheit „um die Ecke kommt".

Du kannst die nächsten Schritte immer nur dann machen, wenn

- jemand hilft
- eine Möglichkeit auf Dich zugeschnitten ist
- Du es auch in dieser Situation möchtest.

Jemand hilft Dir

Ob Du willst oder nicht, es ist immer jemand erforderlich, der Deine Fähigkeiten sieht, sie passend einschätzt und die Zustimmung gibt.

Glaube bitte nicht, dass immer jemand auf das schaut, was Du machst.

Das wird leider nur im Ausnahmefall passieren. Wir haben oft schon Mitarbeitern sagen müssen, dass sie sich sichtbarer darstellen müssen. Die Kollegen waren leider von der naiven Einstellung ausgegangen, dass „man schon sieht, was ich mache".

Das ist eine Traumvorstellung.

Sorry.

Du musst Dich schon in Erinnerung bringen.

Für diejenigen, die sich sowieso gerne selbstdarstellen, ist das kein Problem.

Mache Dich bitte damit vertraut, dass dieses Verhalten in der Arbeitswelt als normal angesehen wird.

Schwieriger haben es die, denen die Selbstdarstellung eher zuwider ist. Das ist zwar im gewissen Sinne sympathisch, allerdings auch wenig sinnvoll.

Du solltest Dir eine recht wirksame Systematik der Arbeitswelt vor Augen halten. Wer seinen Job nicht komplett hinbekommt, erhält Hilfe. Je nachdem um welche Hilfe es sich handelt, freuen sich Vorgesetzte sogar helfen zu können.

An diese Leute können sich die Vorgesetzten dann auch erinnern, wenn es um Beförderungen oder Förderungen geht.

Warum das so ist?

Keine Ahnung!

Es lässt sich sehr oft beobachten.

Was ist jetzt mit dem stillen Könner?

Der macht seine Arbeit leise und unbemerkbar.

Eigentlich wäre das ein Qualitätsmerkmal. Aber, weil er sie unbemerkt macht, wird sie leider auch nicht gesehen.

Niemand schafft es, dauerhaft fehlerfrei zu sein.

Passiert dann dieser eine Fehler, werden die gleichen Vorgesetzten erstaunt sein. Anstatt denjenigen dafür zu loben, dass der Fehler erst jetzt und nur einmal vorkommt, sagen sie eher: „Wie konnte das denn passieren?".

Während also der schwächere Mitarbeiter nach einem Fehler positiv dasteht, fällt der gute Mitarbeiter nur einmal auf, nämlich mit dem Fehler!

Ein Problem der Führung?

Sicherlich, aber Du bist genauso schuld daran!

Wenn Dir dieser Mechanismus nicht klar ist oder Du ihn ignorierst, wirst Du nur Karriere machen können, wenn Du einen richtig guten Chef hast. Ein mittelmäßiger wird das vermutlich schon nicht mehr können.

Also musst Du Dich mit guten Aktivitäten in die Erinnerung Deines Chefs bringen. Wie man das macht?

Berichte immer mal wieder von schwierigen Aktivitäten und Deinen Erfolgen.

Ja, Du darfst und sollst auch mal sagen: „Ich habe es hinbekommen!".

Das gehört einfach dazu.

Ist das ungerecht?

Möglicherweise.

Aber wenn Du mal selbst eine Organisation mit 30 bis 100 Personen geführt hast, wird Dir klar, von was wir sprechen.

Mach Dir mal folgende Rechnung klar:

- Du führst 100 Personen.
- Um etwas von der Arbeit einer einzelnen Person mitzubekommen, solltest Du zumindest in einem Jahr 1 Stunde mit demjenigen zu tun gehabt haben.
- Mit 20 Personen wirst Du weit mehr zu tun haben, weil sie in ständigem Kontakt zu Dir stehen. Für diese Personen rechne mal 20 Stunden. Das sind dann 400 Stunden.

- Mit 30 Personen hast Du weniger zu tun. Rechne mal mit 5 Stunden. Das sind 150 Stunden.
- Dann noch die anderen 50 Personen. Mit denen hast Du nur die 1 Stunde zu tun. Das sind dann 50 Stunden.
- Also hast Du 600 Stunden nur mit dem Personal zu tun. Bei einem 8-Stunden-Tag sind das 75 Arbeitstage.

Das sind dreieinhalb Monate. Leider hast Du aber noch andere Aufgaben, so dass es Dir schwerfallen wird, überhaupt noch zu behalten, was mit den 50 Personen war, mit denen Du in dem einem Jahr (!) nur eine Stunde zu tun hattest.

Ist es nicht sehr menschlich, wenn man sich nur an diejenigen erinnern kann, mit denen man mehr Zeit verbracht hat?

Bist Du derjenige, der nur einen einzigen Fehler gemacht hat, bleibt eben nur der Fehler in Erinnerung.

Und bei dem, der seinen Job nicht richtig hinbekommt?

Ja, er hat ihn zwar nicht hinbekommen. Aber mit ihm hast Du viel mehr Zeit verbracht. Und das Wichtigste: Ihr beide habt gemeinsam ein Erfolgserlebnis, das Ihr teilen könnt. Ihr habt nämlich das Problem gelöst. Wenn Du dann noch Vieles beigetragen hast, was ja bei einem Chef zu erwarten ist, hast Du mit demjenigen sogar am Ende noch ein schönes Erlebnis, das Du teilen kannst!

Und der Könner?

Mit dem verbindet Dich nichts, weil er es auch ohne Dich hinbekommt. Immerhin ist er ein Könner! Du kannst also noch nicht einmal ein Erfolgserlebnis mit ihm teilen bzw. einbringen.

Willkommen in der Wirklichkeit!

Also unternehme bitte alles dafür, dass man Dich mit Erfolgen wahrnimmt oder biete Deinem Chef die Möglichkeit, mit Dir ein Erfolgserlebnis zu teilen.

Eine Möglichkeit ist auf Dich zugeschnitten

Sorry, aber auch hier musst Du Dich von einer Träumerei verabschieden.

Es kommt nicht darauf an, ob Du etwas Bestimmtes kannst. Es kommt (fast) immer nur darauf an, ob Du ein bestimmtes Wissen schriftlich nachweisen kannst!

Wenn Du beispielsweise keinen Lehrgang gemacht hast, aber eine Sache besser kannst als Dein Kollege, der den Lehrgang im Gegensatz zu Dir gemacht hat und schlechter ist als Du, wird er befördert!

Warum das so ist?

Weil leider nur das verbriefte Wissen und Können zählen!

Das ist gerade für gute Leute schwer zu verstehen.

Wir mussten in unsere Arbeit oftmals mit „Engelszungen" auf gute Mitarbeiter einreden, weil sie das einfach nicht verstehen wollten. Ihre Worte: „Wozu brauche ich einen Lehrgang, ich kann es doch!" waren ehrlich und haben auch gestimmt. Sie waren aber auch sehr naiv.

Nein, so funktioniert die Berufswelt nicht!

Wenn Du mal am Ende Deiner Karriere bist, kannst Du auf solche Gedanken verzichten, aber nicht vorher.

Der gleiche Mechanismus funktioniert nämlich auch bei Führungskräften.

Ob Du eine gute Führungskraft bist (oder glaubst zu sein), ist eher nachrangig.

Es zählt Deine Führungserfahrung.

Die kannst Du nun mal nicht in der gleichen Organisation nachweisen. Führungserfahrung weist man einzig dadurch nach, dass man sich bewegt und in anderen Organisationen geführt hat.

Beobachte mal, wie erfahrene Führungskräfte in ihr Amt eingeführt werden.

Sie werden stets mit den verschiedenen Führungsaufgaben vorgestellt, die Sie schon hinter sich gebracht haben. Ob sie die dann gut oder eher mittelmäßig erfüllt haben, ist im Regelfall weniger wichtig.

Wenn Du immer nur eine einzige Führungsaufgabe hinter Dich gebracht hast, wirst Du nicht als erfahren gelten, sondern lediglich als langjährig.

Unser Tipp: Sorge mit möglichst vielen Lehrgängen, Seminaren und Führungs-ämtern dafür, dass es eine Möglichkeit gibt, Dich auch fördern zu können.

Selbst, wenn der durchgeführte Lehrgang Dich nicht sofort zum Erfolg führt, halte Dir Folgendes vor Augen: Verbrieftes Wissen schadet nur demjenigen, der es nicht hat! Es wird der Tag kommen, an dem sich das Zertifikat auszahlt.

Du musst die Veränderung in der Situation auch wollen

Man macht Dir ein Job-Angebot als künftige Führungskraft, das Du auf den ersten Blick nicht so toll findest. Was schätzt Du, wie viele Angebote für ein Führungsamt Du ablehnen kannst? Wenn man unbedingt jemanden braucht und es gibt Not, dann darfst Du sicher mehr als einmal ein Angebot ablehnen. Aber glaube nicht, dass das immer der Fall sein wird.

Unser Tipp:

Gehe lieber davon aus, dass Du nur einmal ein Angebot bekommst.

Unsere Erfahrung ist es, dass Vorgesetzte sehr enttäuscht sind, wenn eine ausgesuchte Person das gut durchdachte Angebot ausschlägt.

Glaube nicht, dass Vorgesetzte mal schnell über die Besetzung einer Stelle entscheiden nach dem Motto: „Ach, eigentlich könnte er das machen!".

So läuft das nicht!

Man muss sich als Vorgesetzter gute Gedanken machen, warum man jemandem ein Führungsamt anbietet. Immerhin gibt es auch immer wieder Kritiker, die gar nicht wollen, dass Du das Angebot bekommst, sondern sie möchten lieber ihren eigenen Favoriten fördern.

Wenn Du das Angebot ablehnst, gibst Du den Kritikern Recht und lässt den Dich fördernden Vorgesetzten dumm aussehen.

Unsere Erfahrung: Es wird anschließend sehr lange dauern, bis man Dir mal wieder ein Angebot macht.

Unser Rat: Gerade, wenn man Dir ERSTMALS ein Angebot macht oder Du noch nicht viel Erfahrung hast, kann Deine Antwort immer nur „JA!" lauten.

Leider ist es damit alleine nicht getan. Manchmal musst Du trotzdem warten, obwohl alle Voraussetzungen auf Dich zutreffen und man etwas für Dich tun will. Vorgesetzte haben selbst auch Vorgesetzte und die könnten deren Einschätzung nicht teilen und einfach jemand anderes fördern.

Unser Tipp: Glück kann man nicht erzwingen!

Bleibe geduldig.

Oftmals bekommt man ein Angebot, mit dem man selbst nie gerechnet hat. Wenn Du also eine Enttäuschung erlebt hast, arbeite nach dem Grundsatz: „Wer weiß, wozu es gut war!".

Bei dem einen geht die Karriere schneller und beim anderen nicht.

Manchmal bleibt sie auch aus.

Sieh das mit Ruhe.

Aber ziehe hier auch Deine eigenen Grenzen. Wenn Dir ein Angebot persönlich hochgradig widerstrebt, solltest Du Deine Entscheidung klug durchdenken: Es gibt kaum etwas Schlimmeres, als sich täglich an den Arbeitsplatz zu schleppen und nur die Stunden zu zählen, bis Du wieder nach Hause gehen darfst.

Auch das ist verlorene Lebenszeit und verlorene Lebensqualität!

Du bist das Maß der Dinge und Du darfst frei entscheiden.

Bleibe bei Dir und Deinen Überzeugungen und lass' Dich nicht durch das System verbiegen!

Es ist auch eine Qualität, die eigenen Grenzen zu ziehen und dies auch wohldosiert zu kommunizieren.

Werde Dir dabei aber auch klar, was Du Dir unter Deiner persönlichen Karriere überhaupt vorstellst.

Was sind Deine Ziele?

Ist es die Beförderung?

Was verbindest Du damit?

Status und Ansehen oder einfach nur mehr Geld?

Ist es die Möglichkeit zu gestalten und Einsatzbereiche für Deine Fähigkeiten zu bekommen?

Ist es die Suche nach einer sinnvollen Arbeit, mit der Du auch etwas zurückgeben möchtest?

Was suchst Du?

Wenn Du Dir über Deine Ziele klargeworden bist, wirst Du Dich viel besser auf bestimmte Stellen ausrichten können.

Auch wenn die Karriere von vielerlei Faktoren abhängig ist, solltest Du das, was Du dazu beitragen kannst, Deine Ziele zu realisieren, auch tatsächlich beitragen: Dies kann eine gezielte Weiterbildung sein.

Es kann auch sinnvoll sein, sich gezielt ein Netzwerk aufzubauen, um so notwendige und wichtige Informationen über Stellenvakanzen zu erhalten und frühzeitig über Veränderungen informiert zu sein.

Und lass' die anderen nicht erraten, wenn Du Dich für etwas wirklich interessierst. Bringe Dich zielgerichtet, aber auch dosiert ins Gespräch.

Mache Dein Interesse deutlich, ohne Deinem Gegenüber auf die Nerven zu fallen. Bringe Dich regelmäßig in Erinnerung. Informiere Dich frühzeitig über die notwendigen Voraussetzungen, dies können Auslandsaufenthalte, nachgewiesene Sprachkenntnisse, eine Verwendungsbreite in bestimmten Gebieten, Fachkompetenz etc. sein.

Erst wenn Du diese Informationen hast und Dir überlegt hast, was Du tun musst, um die Voraussetzungen zu erfüllen, kannst Du Dich an die eigentliche Planung machen.

Du wirst dies ausstrahlen und es wird Deinem Umfeld nicht verborgen bleiben, dass Du Ideen und Wünsche hast. So werden sich Möglichkeiten eröffnen, von denen Du heute noch nichts ahnst.

Denke daran: Nur durch gute Arbeit allein macht man keine Karriere!

16 - Sei veränderungsbereit!

In der Regel scheuen wir Veränderungen und behalten gern das Erreichte. Von Dir wird jedoch gerade in den ersten Jahren erwartet, dass Du flexibel bist und wechselbereit.

Ein Wechsel ist nicht immer schön.

Er kann auch mit persönlichen Einschnitten verbunden sein: Zum Beispiel kann Dein neuer Arbeitsplatz schlechter erreichbar sein oder Du hast geringere Entscheidungsspielräume als vorher.

Vielleicht möchtest Du gar nicht woanders arbeiten: Du hast Dich an Deinem bisherigen Arbeitsplatz „gemütlich" eingerichtet und hast Dir nach einer oft sehr anstrengenden Einarbeitungszeit eine gewisse Routine erarbeitet und die Alltagsarbeit gut im Griff.

Du magst die Kollegen und sie mögen Dich und schätzen Deine Fachkompetenz. Du möchtest gar nicht weg!

Aber leider geht es nicht immer darum, was Du möchtest, sondern darum, dass Du Dich in den ersten Jahren als Führungskraft beweist und bekanntmachst. Ein gut funktionierendes Netzwerk kann sehr hilfreich sein und spannt sich weiter, je größer Dein Einsatzradius wird.

Daher kommst Du nicht umhin, regelmäßig auf einen anderen Arbeitsplatz zu wechseln. Siehe dabei die Vorteile, die die neue Tätigkeit mit sich bringt: Sie erweitert Deine Fähigkeiten und Kompetenzen, Du lernst viel Neues, das Du in Dein Portfolio aufnehmen kannst.

Es lohnt sich, lieber das eine oder andere Jahr kürzer an einem Arbeitsplatz zu verbringen und die Zeit zu nutzen, neue Kompetenzen zu erwerben, als zu lange an einer Stelle zu verharren, weil dies für Dich kein persönliches Wachstum bringt.

Werde aber dabei nicht zu einem Unruheherd für Deine Vorgesetzten, der anderen mit seinen Wünschen auf die Nerven geht!

Biete Deine Arbeitskraft an und man wird auf Dein Angebot zur richtigen Zeit zurückkommen. Nutze die Zwischenzeit dazu, Dir neue Kompetenzen zu erarbeiten.

Sollte es dann zu einer Veränderung kommen, die Du Dir so nicht vorgestellt hast, nimm' Dir die Zeit, Dich an die veränderten Gegebenheiten zu gewöhnen.

Oftmals ist die eigene Einstellung der entscheidende Faktor, auch eine zunächst nicht erträumte Tätigkeit dennoch gut annehmen zu können.

Du wirst Eingewöhnungszeit brauchen, um alle Seiten Deiner zukünftigen Arbeit erfassen zu können.

Nur weil es anders ist, muss es nicht schlechter als das Gewohnte sein.

Nur weil es fremd ist, kann es spannend und erfüllend sein.

Was es mit Stellenausschreibungen so auf sich hat

Du wirst Dir früher oder später beim Studium der Stellenausschreibungen die Frage stellen, ob Du Dich nicht darauf bewerben solltest.

Du wirst Dir sagen: Es klingt so interessant! Ich könnte mehr Geld verdienen!

Es wäre gut für meine Karriere, ich könnte einen riesigen Schritt vorankommen!

Doch Vorsicht!

Nicht hinter jeder Stellenausschreibung verbirgt sich auch ein Angebot!

Es gibt Stellenausschreibungen, mit denen eine Beförderungsmöglichkeit für den bisherigen Stelleninhaber verbunden ist.

Oder man hat sich im Vorfeld schon Gedanken gemacht, wer ein geeigneter Bewerber sein könnte.

Es wurden möglicherweise schon entsprechende Gespräche geführt und nun tauchst Du plötzlich auf!

Hier gilt es, sich vorher genauestens zu informieren.

Nutze Deine Kontakte, um informell etwas herauszufinden.

Sollte die Stelle schon „vergeben" sein, Finger weg!

Die Arbeit, Dich über die genauen Inhalte der Stelle zu erkundigen, Deine Bewerbungsunterlagen professionell zusammenzustellen und Dich auf das Gespräch vorzubereiten und die Enttäuschung, wenn Du die Stelle dann doch nicht bekommst, kannst Du Dir sparen.

Natürlich ist es zulässig, dass Du Dich trotzdem bewirbst.

Manchmal ist es auch ratsam, durch eine Bewerbung auf sich aufmerksam zu machen, so dass Du nicht in Vergessenheit gerätst.

Aber Vorsicht! Wenn Du auf Dich aufmerksam machst, musst Du natürlich damit rechnen, dass Du ein Angebot bekommst, mit dem Du nicht gerechnet hast und das Du dann möglicherweise nicht mehr ausschlagen kannst.

Wie auch immer – solltest Du Dich für eine Bewerbung entscheiden, bereite Dich sorgfältig auf das Vorstellungsgespräch vor! Du hinterlässt durch Deinen Eindruck eine Visitenkarte und Du verbaust Dir möglicherweise zukünftige Chancen, solltest Du das Ganze nicht ernstnehmen.

Solltest Du die Stelle nicht bekommen, obwohl Du Dir sehr gute Chancen eingeräumt hast und das Vorstellungsgespräch aus Deiner Sicht sehr gut gelaufen ist, überlege Dir genau, ob Du dagegen vorgehen möchtest!

Es gibt Zeiten, da gehören Konkurrentenstreitverfahren zum guten Ton.

Doch beachte: Solltest Du Dich innerhalb Deiner Organisation beworben haben, willst Du auch weiterhin dort arbeiten.

Also solltest Du versuchen, das Verhältnis zu Deinen Vorgesetzten störungsfrei zu halten.

Oft haben große Organisationen ein langes Gedächtnis und auch noch Jahre später, wenn alle damals Beteiligten nicht mehr im Dienst sind, kann sich noch irgendjemand daran erinnern und wird die Geschichte erzählen.

Solltest Du Dich extern beworben haben und nicht zum Zug gekommen sein, glaube nicht, dass Du vor dem Hintergrund einer Klage gern gesehen bist.

Gedulde Dich! Deine Chance kommt!

Und dann gibt es natürlich noch die Positionen, die überhaupt nicht mit Auswahlverfahren besetzt werden.

Auch hier ist Vorsicht geboten!

Bekunde Dein Interesse, aber tritt nicht zu offensiv auf. Bringe Dich mit guten Leistungen überzeugend ins Gespräch und lass das System für Dich arbeiten.

Tue Gutes und rede darüber!

Bleibe nicht im Verborgenen, sondern überzeuge mit Deinen Kompetenzen.

Aber auch hier gilt: Gehe niemandem auf die Nerven!

Manchmal, ja manchmal gelingt es dem einen oder anderen, mit purer Nerverei etwas zu erreichen.

Aber in der Regel gelingt dies höchstens einmal!

Manchmal fordert man nämlich den Vorgesetzten geradezu auf, die eigenen Grenzen gezeigt zu bekommen und gerade nicht das zu bekommen, was man unbedingt haben möchte.

17 - Löse Dich von Aufgaben!

Als Führungskraft musst Du Dich darauf einstellen, dass Du nicht mehr wie früher genug Zeit haben wirst, um Deinen täglichen Aufgaben nachzukommen.

Überlege mal, woran das liegt. Bevor Du Führungskraft geworden bist, warst Du Sachbearbeiter.

Was hast Du in dieser Zeit gemacht?

Einen Vorgang bis ins Detail durchdacht und Dir notfalls Hilfe vom Chef geholt?

Das geht jetzt nicht mehr.

Du bist jetzt der Chef!

Außerdem hast Du keine ausreichende Zeit mehr, um alle Vorgänge in Deiner Organisation im Detail zu kennen. Versuche es erst gar nicht, Du hast im Regelfall keine Chance, das hinzubekommen.

Hier ein kleines Rechenbeispiel:

- Du hast früher als Sachbearbeiter 5 kleine und 3 mittlere Vorgänge auf dem Schreibtisch gehabt. Dazu kam dann noch der große und komplizierte Vorgang, der Dich viel Zeit gekostet hat. Mit allen Vorgängen zusammen warst Du so gut ausgelastet, dass Du sie zwar innerhalb Deiner Dienstzeit hinbekommen und qualitativ gut ausgearbeitet hast. Aber zu mehr hätte es nicht gereicht.

- Jetzt bist Du Führungskraft mit (nur) 5 Sachbearbeitern wie Du es warst. Willst Du als Führungskraft alle Vorgänge Deiner Sachbearbeiter in der gleichen Tiefenstufe verstehen und beherrschen, hast Du es jetzt mit 25 kleinen und 15 mittleren Vorgängen zu tun. Ach ja, da kommen ja auch noch die 5 großen und komplizierten Vorgänge dazu.

Glaubst Du ernsthaft, Du hättest die Chancen, die Arbeit von 5 Personen gleichzeitig zu bewältigen?

Gut, die Arbeit müssen die Anderen machen, Du brauchst ja nur zu kontrollieren, oder? Tja, Du musst Dich aber bei der Kontrolle tief in die Vorgänge einarbeiten, wenn Du sie auch weiterhin in der gleichen Tiefe verstehen willst.

Das schaffst Du trotzdem nicht!

Wir können Dir sagen, was passiert, wenn Du es trotzdem probierst.

Du wirst die Art von Vorgängen, die Du früher selbst bearbeitet hast, bis in die tiefste Detailstufe verstehen und bearbeiten wollen. Leider wirst Du erst später merken, dass Dein ganzes Fachwissen Zug um Zug verloren geht, wenn und weil Du kein Sachbearbeiter mehr bist.

Wir haben schon oft solche Führungskräfte beobachtet, die mit veraltetem Fachwissen versucht haben, ihrem Personal zu erklären, wie der Vorgang richtig gemacht wird. Das Rollen von deren Augen bzw. deren ohnmächtige Verzweiflung haben diese Führungskräfte dann nicht mehr wahrgenommen.

Und die anderen Vorgänge?

Die wirst Du einfach „durchwinken", weil Du einerseits keine Zeit mehr für sie hast und andererseits Dir auch das Fachwissen dazu fehlt.

Möchtest Du als Führungskraft bei Deinem Personal anerkannt sein?

Dann versuche erst gar nicht, alle Aufgaben zu verstehen und selbst auch zu können.

Das ist nämlich nicht Deine Aufgabe. Es ist für alle Beteiligten nicht schön, wenn sich der Vorgesetzte als Obersachbearbeiter versteht.

Deine Aufgabe ist es, Dein Personal zu befähigen und ihm die Rahmenbedingungen zu schaffen, damit es qualitativ und zeitgerecht arbeiten kann.

Dazu musst Du Dich mit den Menschen befassen, sie fachlich unterstützen, aber nicht mit den Details ihrer Aufgaben.

Ansonsten würdest Du ihnen auch ein Stück weit die Kompetenz absprechen, die eigenen Fälle versiert selbst zu bearbeiten. Letztlich sollte auch die Verantwortung für die Sachbearbeitung auf der Sachbearbeiterebene verbleiben!

Wem Fachwissen fehlt, dem kannst Du nur sehr bedingt selbst mit Fachwissen helfen.

Finde heraus, welches Wissen der betroffenen Person fehlt und suche einen passenden Lehrgang zur Weiterbildung aus oder organisiere eine Hospitation in einem Fachbereich, wo man sich die Umsetzung vor Ort direkt anschauen und selbst mitmachen kann.

Mache dabei aber keine Ferndiagnose, sondern sprich mit der Person über die Problemstellungen und vor allem die eigenen Interessen. Menschen können vor allem dann gut lernen, wenn ihnen ihre Arbeit Spaß macht.

Und was ist mit der Sachbearbeitung?

Überlasse sie Deinem Personal!

Hilf, wenn Du kannst bzw. wenn Du gefragt wirst oder in Deiner Funktion gefragt bist, zum Beispiel, wenn es um Grundsatzfragen geht.

Ansonsten schaffe Dir Freiraum, um Deiner Führungsaufgabe nachzukommen. Und das ist in der Linie der Umgang mit Menschen und erst in zweiter Linie das Beschäftigen mit Vorgängen!

Dies gilt natürlich dann nicht, wenn die Bearbeitung Teil Deiner originären Aufgaben ist. So ist es etwa üblich, dass Klagesachen vom Justiziar und nicht vom Sachbearbeiter bearbeitet werden. Aber auch hier gilt: Binde Deine Sachbearbeiter ein, lass sie die Schriftsätze lesen, profitiere von deren Erfahrung und Fachkompetenz und gib ihnen so auch das ernstgemeinte Gefühl Deiner Wertschätzung.

Wenn Du abends lange an Deiner Arbeit sitzt und einfach kein Ende findest: Behalte die Zeit im Auge und frage Dich, ob die Aufgabe tatsächlich noch heute Abend fertiggestellt werden muss oder nicht auch noch Zeit bis morgen früh hat. Oft ist es viel produktiver, noch einmal frisch ausgeruht an die Aufgabe heranzugehen als mit Gewalt noch eine Entscheidung erzwingen zu wollen. So passieren Fehler, die mit dem nötigen Abstand nicht passiert wären. Die besten Ideen entstehen in Ruhephasen und nicht unbedingt unter Druck und Stress. Nimm' Druck von Dir!

18 - Finde eine professionelle Distanz!

Was ist eine professionelle Distanz?

Du hast es mit Menschen zu tun. Wenn es Dir als „menschlicher" Führungskraft bei Deinem Personal gelingt, Vertrauen zu schaffen, ist das eine tolle Sache. Eigentlich sollte man genau das erreichen wollen, oder?

Vorsicht!

Es ist eine schöne Sache, wenn einem Vertrauen entgegengebracht wird.

Aber jetzt wirst Du auch gleich mit einer sehr unangenehmen Seite dieses Erfolges konfrontiert. Man wird Dir nicht nur positive private Dinge erzählen.

Nein, es werden auch einige negative Erlebnisse dabei sein. Je erfolgreicher Du bist, desto mehr belastende private Details wird man Dir erzählen.

Ist das nicht etwas Schönes?

Nein, ist es nicht.

Wenn es Dir nicht gelingt, Dich davor zu schützen, wirst Du bald Probleme bekommen.

Dir werden persönliche Probleme geschildert, auf die Du gar keinen Einfluss hast. Es besteht die Gefahr, dass Du Dich emotional von diesen Geschichten beeinflussen lässt.

Wenn das passiert, wirst Du die Probleme anderer Menschen mit nach Hause nehmen. Sie werden Dich die ganze Zeit über begleiten, ohne dass Du eine Chance hast zu helfen.

Was ist jetzt die professionelle Distanz?

Du musst ein kleines Kunststück vollbringen!

Einerseits musst Du den Menschen zuhören und ihnen das Gefühl geben, dass Du ihre Sorgen und Nöte ernst nimmst.

Andererseits musst Du den Menschen versuchen klar zu machen, dass sich Deine Möglichkeiten zu helfen, auf die Arbeitswelt beschränken.

- **Private Probleme**

  Wenn ein Mitarbeiter private Probleme hat und seine Leistungsfähigkeit temporär leidet, kannst Du den betreffenden Mitarbeiter zeitweise entlasten und ihm einfachere Aufgaben geben. Das solltest Du aber nicht „heimlich" machen, denn die Arbeit muss ja trotzdem gemacht werden.

  Wenn Du die Problematik nicht mit den anderen Mitarbeitern aus der Organisation besprichst, wirst Du Unmut über die als ungerecht empfundene Aufgabenverschiebung auslösen.

  Also bleibt Dir aus unserer Sicht kaum eine andere Möglichkeit, als dem Betreffenden zu sagen, dass eine Entlastung nur geht, wenn im Team offen gesprochen wird. Dabei muss man keine Details der Probleme offenlegen. Aber man muss zumindest über die Tatsache der Problematik sprechen können, ohne weiter in die Details zu gehen. Wenn das nicht geht, kann es auch keine Entlastung geben.

- **Nicht eingreifen**

  Nicht jeder Mitarbeiter möchte eine Entlastung bekommen, geschweige denn Mitleid vom Chef! Überlege Dir gut, wen Du wie ansprichst.

  Du kannst nicht einfach wie ein Samariter auf einen Mitarbeiter mit Problemen zugehen! Es gibt immer wieder Mitarbeiter, die mit ihrem Problem selbst fertigwerden wollen.

Du hast nicht das Recht, ihnen Hilfe aufzuzwingen! Also empfehlen wir Dir, Dich zurückzuhalten, bis man Deine Hilfe anfragt.

- **Eingreifen**

  Es kommt vor, dass Mitarbeiter mit Problemen die gesamte Organisation „runterziehen", weil sie es nicht schaffen, sich professionell in ihrem Umfeld zu bewegen.

  Hier hat Mitleid oder Hilfebestreben seine klaren Grenzen.

  Du bist für Dein gesamtes Personal verantwortlich. Es kann nicht sein, dass alle unter der Situation leiden müssen.

  Ja, das mag hart klingen. Aber Du bist hier gefordert. Wir empfehlen Dir einzuschreiten und dem Betroffenen sehr deutlich klar zu machen, dass es so nicht geht. Und um eine Verhaltensänderung herbeizuführen, musst Du sie deutlich einfordern: Der Person muss klargemacht werden, dass Du eine Änderung im Verhalten forderst. Sollte dies nicht gelingen, musst Du Dir die Prüfung dienstrechtlicher Schritte vorbehalten.

  Denke bitte daran, die Betroffenen machen das nicht aus „Bosheit", sondern sie haben sich in einer schwierigen Situation nicht im Griff. Professionelle Distanz heißt hier: Eingreifen und einen unhaltbaren Zustand beenden! Ja, das ist schwer, aber auch Dein Job!

Tja, wie findet man jetzt eine professionelle Distanz?

Als junge Führungskraft hat man es richtig schwer. Immerhin wird es vorkommen, dass die Betroffenen deutlich lebensälter sind als man selbst es als junger Mensch ist. Im schlimmsten Fall hat man es mit einem Betroffenen zu tun, der so alt wie die eigenen Eltern ist.

Auch hier muss man leider wieder sagen, dass man sich diese professionelle Distanz nicht „erlesen" kann, sondern man muss sie sich Zug um Zug aneignen. Du wirst beim ersten Mal ein Pochen in den Adern spüren, wenn Du mit einer solchen, sehr unangenehmen, Situation konfrontiert bist. Am liebsten würdest Du weglaufen, aber leider bist Du der Chef! Du kannst nicht weglaufen. Es hilft auch nicht, einen übergeordneten Chef um Hilfe zu bitten. Natürlich wirst Du sie bekommen.

Aber was wird er von Dir halten, wenn Du mit Deinem eigenen Personal nicht klarkommst?

Wir können es Dir sagen: „Habe ich einen Fehler gemacht, dieser Person (nämlich Dir!) eine Führungsaufgabe zu übertragen?".

Da Du das nicht möchtest, solltest Du Dich bewusst mit der Situation konfrontieren.

Was Du mit ziemlicher Sicherheit machen wirst, ist einen Fehler zu begehen!

Entweder Du sprichst den Betroffenen falsch an, findest nicht die richtige Lösung oder machst einen anderen Fehler.

Ja, das wird passieren!

Na und?

So haben wir alle mal angefangen!

Manche haben Glück und werden langsam durch einfache Probleme an das Führungsgeschäft herangeführt. Aber einigen – uns zum Beispiel – ist dieses Glück nicht widerfahren. Wir mussten das Führungsgeschäft leider „auf die harte Tour" erlernen.

Das ist aber nicht schlimm, weil man dann schneller an seine Grenzen geführt wird.

Die hat jeder!

Deshalb ist es wichtig, sich dieser Erfahrung zu stellen und bewusst seine eigenen Grenzen im eigenen Führungsauftrag zu sehen.

- **Kein Teil der Arbeitswelt**

  Wenn ein Betroffener zu Hause Probleme hat, die keine Auswirkungen auf das Dienstgeschäft haben, gehört deren Betrachtung nicht zu Deinem Aufgabenfeld. Überlege Dir gut, ob Du Dich hier einbringen möchtest.

- **Psychische Probleme**

  Bei psychischen Problemen eines Betroffenen hört Deine Führungsfähigkeit auf. Probiere nicht, hier zu helfen, das ist Aufgabe der Profis! Dazu gehören sowohl Sozialarbeiter als auch Psychologen oder entsprechende Beratungsstellen. Wenn Du helfen möchtest, kann es sinnvoll sein, den Betroffenen über die Möglichkeit zur Nutzung von Profis zu informieren.

  Überlege Dir gut, ob Du hier eigenständig tätig wirst und Kontakte herzustellen versuchst. Das steht Dir nicht zu. Auch wenn der Betroffene Dich um eine solche Kontaktaufnahme und um eine Zusammenführung bittet, solltest Du Dich informieren, ob das sinnvoll ist. Gerade hierbei können Dir übergeordnete Führungskräfte vielleicht hilfreich sein.

- **Extremfälle**

  Uns ist ein Fall von Selbstmordabsicht im Dienstleben untergekommen. Hier kannst Du nichts Persönliches für den Betroffenen tun!

Hole sofort professionelle Hilfe von Psychologen oder entsprechend eingerichteten Anlaufstellen.

Du musst natürlich anschließend selbst damit klarkommen.

Das passiert vor allem dann, wenn Du glaubst, eine der Ursachen dafür gesetzt zu haben. Sollte dies der Fall sein, wende Dich bitte schnellstmöglich selbst an professionell Helfende, also Psychologen!

Ein solches Erlebnis ist enorm belastend. Da helfen Dir keine Freunde oder gute Bekannte. Hier ist es professionell, das zu erkennen und sich selbst Hilfe zu suchen!

19 - Du kannst zur falschen Zeit am falschen Ort sein

Wann weiß man denn, ob man zur falschen Zeit am falschen Ort ist?

Leider erst nachher!

Also musst Du Dir erst einmal die Frage stellen, was Du unter „falsch" verstehst.

Falsch könnte beispielsweise ein Moment sein, der nicht in Deine Karriereplanung passt.

Du bist möglicherweise gerade in einem Führungsamt, bei dem es für Dich nicht vorangeht, obwohl Deine Kollegen befördert werden. Da hilft es nicht zu verzweifeln. Man muss durch eine solche Situation durch.

Man kann nicht permanent auf der richtigen Seite der Karriere stehen.

Oftmals kann man nichts für die jeweilige Karrieresituation.

Wenn Du alles aus Deiner Sicht Richtige getan hast, müssen die Begleitumstände auch passen, damit es mit der Karriere weitergeht.

Kurzfristiger Zufall

Es gibt nicht immer eine logische Abfolge von Ereignissen, die man sicher planen kann.

Manchmal kommt alles anders. Und das häufig unverhofft.

Es kann einem nämlich beim Abarbeiten einer Aufgabe erwischen. Stell Dir vor, Du denkst „an nichts Böses", läufst Deinem Chef über dem Weg und der sagt: „Gut, dass ich Sie sehe. Hier ist eine Aufgabe, die gemacht werden muss. Übernehmen Sie das doch bitte!".

Wenn es genau die Aufgabe ist, die Du nicht wolltest, hast Du einfach Pech gehabt.

So ist das nun mal im Arbeitsleben.

Einfach die Aufgabe ablehnen?

Kommt auf Deinen Chef an.

Ist er eher schwach, wird er das vielleicht akzeptieren und einen anderen suchen.

Hast Du dagegen einen starken Chef, bekommst Du die Aufgabe sowieso und hast ihn gleichzeitig verärgert.

Das ist nicht sinnvoll, denn Du willst irgendwann wieder etwas von ihm und sei es nur die Urlaubsgenehmigung zu einer bestimmten Zeit. Wenn er Dir zeigen möchte, dass es keine gute Idee war, seine Aufgabe abzulehnen, wird die Organisation bei Deinem Urlaubsgesuch „leider" genau in dieser Phase nicht auf Dich verzichten können. Dann machst Du Deinen Dienst auch noch zu einer Zeit, die Dir nicht gefällt.

Natürlich kannst Du versuchen herauszufinden, welcher Typ Chef Dein Chef ist. Aber Vorsicht: Im Regelfall hast Du KEINEN Fehlversuch.

Langfristiger Zufall

Zu den merkwürdigen Dingen des Berufslebens zählen die Aufgaben, die Du durch einen langfristigen Zufall erhältst. Da ist beispielsweise die Aufgabe, die man als Vertretung von jemandem bekommt.

Stell Dir vor, Du bist Vertreter in einer Organisation und Dein Chef hat einen Tag Urlaub und Du gehst an sein Telefon. Die Thematik ist völlig neu und Du nimmst Dich der Sache an. „Must ja nicht viel machen!", denkst Du Dir. Der Chef kommt ja morgen wieder und dann hat er schon mal eine erste Vorlage, mit der er weitermachen kann.

Tja, und dann kommt Dein Chef. Du berichtest ihm, was in seiner Abwesenheit so abgelaufen ist und wie Du mit den Themen umgegangen bist. Dann kommst Du auf das Telefonat und Deine Arbeiten dazu zu sprechen. Du möchtest Deinem Chef den Vorgang übergeben, aber er meint nur: „Nein, nein, machen Sie das nur weiter. Sie haben es ja auch angefangen!".

Angefangen?

Was heißt hier angefangen?

Ich habe doch nur ein Telefonat entgegengenommen.

Tja, aber er ist nun mal Chef und Du (noch) nicht. Also bleibt es dabei und Du musst den Vorgang weiterbearbeiten. Weißt Du, wie lange eine solche Übergangszeit dauern kann? Manche von uns haben so einen Vorgang „geerbt" und sind das Thema nach 10 Jahren noch immer nicht „losgeworden". Andere haben die eigene Freizeit und viele schlaflose Nächte investiert, um überhaupt noch mit dem neuen Projekt zurecht zu kommen.

Auch kann es sein, dass Du überhaupt nicht zuständig bist, es eigentlich andere abarbeiten müssen, die sich dem aber verweigern, und Dein Chef Dich im Regen stehen lässt.

Ungerecht?

Mag sein. Aber sehe das Positive in solchen Situationen. Manchmal kommst Du an tolle Sachverhalte heran, die man Dir „auf normalem Wege" vielleicht nie gegeben bzw. sie Dir nie zugetraut hätte. Ja, manchmal – vielleicht zu oft – sind es Vorgänge, die Dein Chef einfach nur „abgedrückt" hat, weil er sie als lästig empfunden hat.

Dann bist Du der, den es erwischt hat.

Zur falschen Zeit am falschen Ort.

Aber es kann noch problematischer kommen.

Unschuldig gebrandmarkt

Du bist eine Führungskraft und machst ganz normal Deinen Job.

Er ist schwierig.

Weil man das aber von außen so nicht erkennen kann, meinen die Meisten, dass Du es zwar gut machst, aber eigentlich auch kein „Überflieger" bist.

Tja, wenn die wüssten. Manche sollten sich mal in Deine Lage versetzen und dann beurteilen, ob es wirklich so einfach ist.

Aber, was solls.

Das Leben „ist kein Ponyhof"!

Jetzt kommt aber eine sehr unangenehme Sache. Deine Organisation wird als schuldig für ein Thema „gebrandmarkt", was weder sie noch Du als ihr Chef zu verantworten habt.

Der „Tag der Wahrheit" ist dann für Dich gekommen. Du musst für eine Thematik „geradestehen", für die Du nichts kannst. Alle Augen sind auf Dich gerichtet und alle scheinen nur zu denken: „Oh Mann, wie kann man denn sowas nur machen?".

Alle Deine Versuche zu erklären, dass Du gar nichts dafür kannst, verhallen in den Räumen und man schaut Dich teilweise noch mitleidig an. „Er will sich rechtfertigen, obwohl der Vorwurf doch eindeutig ist!". Das liest Du in ihren Augen. Und wenn man es nicht gut mit Dir meint, bekommst Du diese Vorwürfe auch noch offen gesagt (mit weiteren Vorwürfen).

Was machst Du jetzt?

Verzweifeln?

Kann man machen, ist aber nicht sinnvoll!

Du musst Dich im Zweifel Deinem „Schicksal" hingeben und die Problematik über Dich ergehen lassen.

Schwer?

Mag sein, aber lies am Schluss dieses Buches die „Geschichte vom Hamster".
Vielleicht ist das, was Dir widerfahren ist, die beste Sache, die Dir in Deiner
Karriere passiert ist. Du siehst, dass Du in einem Hamsterrad warst und be-
kommst eine Chance, Dich selbst zu finden.

Manchmal geht es aber auch recht gut aus. Das Thema ist plötzlich schnell vergessen.

Warum?

Man hat einen Sündenbock gebraucht und Du warst gerade greifbar!

Ungerecht?

Natürlich! Aber so funktioniert das Berufsleben nun mal!

Die Führungskräfte um Dich herum werden das größtenteils wissen. Also wissen sie auch, dass Du einfach nur Pech hattest.

Jetzt hängt Deine weitere Karriere von Dir selbst ab.

Du kannst permanent darauf hinweisen, wie sehr man Dir Unrecht getan hat. Bei
den ersten Malen wird man Dir noch beipflichten. Dann wirst Du langsam anfangen, die anderen Führungskräfte zu nerven. Zum Schluss geht man Dir aus
dem Weg und nimmt Dich vermutlich gar nicht mehr ernst.

Man muss einfach auch mal einen Abschluss finden.

Besser ist es, wenn Du einfach wieder „zur Tagesordnung übergehst" und normal weitermachst. Ja, Du darfst auch ab und zu mal Dein Leid klagen.

Aber übertreibe es nicht.

Verschweigen solltest Du es aber auch nicht. Sonst weiß ja niemand, dass es ein
Leid war! Wenn Du gar nichts sagst, könnte man sogar der Meinung sein, Du
hättest doch etwas damit zu tun und schweigst jetzt aus Scham!

Man kann und wird im Berufsleben ab und zu zur falschen Zeit am falschen Ort
sein.

Das ist so und muss Dir keine Angst machen.

Du kannst es nicht verhindern.

Aber Du kannst danach sinnvoll mit der Situation umgehen. Bereite Dich vor und versuche, solange es geht, locker zu bleiben. Auch wenn sich in Dir alles sträubt, versuche eine oder zwei Nächte darüber zu schlafen. Anschließend ist die Welt gar nicht mehr so schlimm, wie Du es geglaubt hast.

Außerdem, Du hast Freunde. Die helfen Dir gerne. Vertraue Dich ihnen an.

Aber Vorsicht!

Du könntest Dich auch den falschen Freunden anvertrauen. Deshalb lies lieber zuerst das nächste Kapitel, bevor Du zu „offenherzig" wirst.

Sollte die große Katastrophe ausbleiben und Du in der Lage gewesen sein, das Projekt erfolgreich durchzuführen, erwarte keinen Dank. Leider vergessen es viele Führungskräfte, sich einfach mal zu bedanken. Oft wird ein hoher Einsatz für selbstverständlich gehalten und so kommt es, dass auch Dir der eigentlich nötige Dank vorenthalten wird.

Fordere ihn nicht ein!

Lerne daraus und mache es selbst bei Deinen Mitarbeitern besser!

Und letztlich kannst Du auch Dir SELBST „Danke" sagen, der Erfolg gibt Dir recht und gib Du Dir die Chance, an dem Erreichten zu wachsen.

20 - Es könnte publik werden!

Kann man als Führungskraft Geheimnisse mit jemandem teilen?

Du kannst es versuchen, aber wir raten Dir davon ab.

Die Versuchung, in der Arbeitswelt ein vermeintliches Geheimnis auszuplaudern, ist nun einmal riesengroß. Denke immer daran, ein „Geheimnis" erzählen zu können, lässt Menschen wichtig erscheinen. Deshalb werden sich einige keine Gedanken darüber machen, ob sie eine Sache vielleicht nicht erzählen sollten.

Nein, im Grunde geht es nur darum, wann sie etwas erzählen.

Und was heißt das für Dich?

Du solltest am besten keine Geheimnisse haben!

Irgendeiner plaudert einfach irgendetwas aus. Wenn es Dir unangenehm ist, was man plaudert, wird man sich umso mehr darüber freuen. Damit dokumentierst Du, dass es etwas Vertrauliches war.

Wie gelingt es, keine Geheimnisse zu haben?

Gib Dich bitte keinen Illusionen hin.

Du hast als Führungskraft immer mit vertraulichen Informationen zu tun. Manchmal wird einem gesagt, dass man nicht über einen bestimmten Sachverhalt reden soll, meistens musst Du das aber selbst wissen.

Nehmen wir mal die Neubesetzung einer begehrten Stelle. Es machen sich sechs Personen Hoffnung, dass sie diese Stelle erhalten. Als Führung muss man viele Abwägungen treffen. Das führt zuweilen dazu, dass man am einen Tag die eine Person favorisiert, weil man gerade eine bestimmte Fähigkeit im Fokus hat.

Am anderen Tag beleuchtet man die Thematik von einem neuen Standpunkt aus und daraus ergibt sich dann ein anderer Favorit für die Stelle.

Es würde eine enorme Unruhe entstehen, wenn man jetzt die verschiedenen Namen nennen würde, über die gesprochen wird.

Als Führungskraft bekommst Du solche Gespräche durchaus mit. Möglicherweise bist Du ständig in Gesprächsrunden vertreten, in denen darüber diskutiert wird.

Es versteht sich von selbst, dass Du hierüber Stillschweigen zu wahren hast!

Und trotzdem wird man Dich aus dem Kreise der Betroffenen oder von Bekannten der Betroffenen dazu fragen.

Tja, was machst Du jetzt?

Du kannst zwar sagen, dass Du nichts weißt. Aber das ist lächerlich, weil jeder genau weiß, dass Du in den Gesprächen dabei bist. Du darfst aber auch keine Andeutungen machen.

Gerade, wenn man jung ist, verspürt man jetzt den Drang, wenigstens eine Kleinigkeit sagen zu müssen. Vor allem, wenn man mit „großen Augen angeschaut" und sogar inständig darum gebeten wird. Manchmal lassen sich die Fragenden sogar tolle Geschichten einfallen, warum sie es unbedingt wissen müssen.

Unser Tipp: Lass es sein! Wenn Du jetzt den Fehler machst und einem vermeintlich Vertrauten etwas sagst, womöglich noch mit den Worten „..., aber sag es auf keinen Fall weiter!", dann wird genau das passieren. Derjenige wird es mit den gleichen Worten seinem Vertrauten erzählen und der wieder seinem, und so weiter und so weiter.

Die Folge wird sein, dass sich dieses Geheimnis noch schneller verbreitet, als wenn Du nicht um Vertraulichkeit gebeten hättest.

Die Folge wird sein, dass jeder den Sachverhalt kennt und weiß, dass er von Dir kam.

Und Du hast (mal wieder) einen Vertrauten verloren.

Was könnte die Alternative sein?

Sage ganz offen, dass über die Thematik gesprochen wird, aber noch keine Informationen gegeben werden sollen.

Und wenn man Dich noch so inständig bittet, Deine Antwort muss immer lauten: „Nein!" oder „Dazu sage ich nichts!"

Ein anderes Beispiel: Uns allen ist es schon passiert, dass man in einer Thematik tief dringesteckt hat und man sich über jemanden geärgert hat. Wenn Du jetzt glaubst, Du würdest damit davonkommen, wenn Du in einer vertraulichen Runde über jemanden sagst: „Was ein Idiot!" oder „Der hat doch keine Ahnung", dann wirst Du Dein „blaues Wunder" erleben.

Es wird nicht lange dauern, dann wird sich der von Dir so bezeichnete Mensch anders verhalten. Er wird sich Dir gegenüber plötzlich unfreundlicher oder kühler verhalten. Vielleicht fragt er Dich auch, warum Du sowas über ihn sagst.

Glaube uns, manchmal „haben die Wände Ohren"! Irgendeiner redet immer. Vorsicht!

Oftmals ist es derjenige, von dem Du es am wenigsten erwartet hättest.

Was kann man tun?

Wir empfehlen Dir, selbst in den „geheimsten" Sitzungen immer nur das zu sagen, was Du auch öffentlich sagen würdest.

Das macht Dich berechenbar und nimmt Dir gleichzeitig die Furcht, dass etwas „herauskommen" könnte, denn es wird früher oder später alles, was Du sagst, herauskommen.

Also begib Dich lieber nicht auf Glatteis, sondern sei offen und so ehrlich, wie Du es sein möchtest.

Damit hast Du dann auch gleich einen weiteren Vorteil. Manchmal neigen Menschen dazu, die Worte von Dir in einen anderen Kontext zu setzen.

Wenn Du Angst haben musst, dass etwas von dem Gesagten herauskommt, kannst Du nicht reagieren.

Hast Du Dich aber offen gegeben, weil Du jederzeit zu Deiner Aussage stehen kannst, dann kannst Du Dich wehren und sagen: „Das habe ich so nicht gesagt. Ich habe gesagt, …!".

21 - Es könnte sich gegen Dich richten

Stell Dir vor, Du bearbeitest als Führungskraft einen Sachverhalt, der recht sensibel ist. Mit Deinem hohen Engagement bist Du der Meinung, dass es jetzt unbedingt vorangehen muss. Also versuchst Du, den Vorgang voranzutreiben. Weil er aber recht sensibel ist, gibt es Informationen, die Du nicht teilen solltest. Jetzt kommt der Moment, bei dem Du Dich entscheiden musst.

Du hast die gute Gelegenheit, inhaltlich noch besser voranzukommen, wenn Du sowohl einer Dir eher fremden und als auch einer Dir sehr vertrauten Person (Herr Müller) vertrauen würdest.

Im Sinne der Sache entscheidest Du Dich für das vermeintlich kleinere Risiko. Du vertraust Herrn Müller und bist ansonsten eher etwas sparsam im Umgang mit Deinen Infos.

Herr Müller sichert Dir Vertraulichkeit zu.

Du gibst ihm gegenüber auch recht problematische Sachverhalte bekannt, damit er sich noch besser in Deine Situation und die Komplexität des Sachverhalts eindenken kann. Du denkst Dir nichts weiter, sondern freust Dich, einen weiteren Verbündeten hinzugewonnen zu haben.

Eine Zeitlang passiert auch nichts, so dass Du Dich im sicheren Gefühl wähnst, auf einem schwierigen, aber eben auch guten Weg zu sein.

Durch Deine guten Kontakte zu Deinem Vorgesetzten kommt es immer wieder zu netten Austauschen, die Dich persönlich voranbringen.

Und dann kommt der Tag, mit dem Du nicht gerechnet hast.

Dein Vorgesetzter fragt Dich: „Sagen Sie mal. Was ist denn da zwischen Ihnen und Herrn Müller?".

Freunde ausstrahlend berichtest Du, dass ihr beide ein gutes Verhältnis zueinander habt und es aus Deiner Sicht auch in dem Sachverhalt gut läuft.

Tja, dann kommt „der Hammer"!

Dein Vorgesetzter verzieht die Miene und meint: „Das sieht Herr Müller wohl etwas anders! Er erzählt überall von Problemen in dem Sachverhalt und dass Sie schon alles probiert hätten, aber die Lösung einfach nicht hinbekommen werden".

Du versuchst Deinem Chef klarzumachen, dass das eine Verzerrung der Wirklichkeit ist. Natürlich gibt es Probleme und natürlich bist Du an dem Problem dran. Aber letztlich ist das Problem beherrschbar. Du wolltest es nur etwas mehr „pushen".

Und jetzt?

Mit Herrn Müller zu reden, ist Dir zuwider.

Er hat Dein Vertrauen missbraucht und auch noch zu ihm zu gehen und ihn zur Rede zu stellen, kommt Dir noch viel mehr wie eine Niederlage vor.

Das Gespräch würde tatsächlich nichts bringen, denn seine Antwort würde vermutlich lauten: „Ja, aber Sie haben doch die Probleme genannt. Ich wollte doch nur helfen. Wenn andere das falsch verstanden haben, kann ich nichts dafür".

Glaube uns, die Liste der möglichen Erklärungsversuche ist noch viel länger. Aber die hilft Dir nicht wirklich.

Also ist es auch gar nicht erforderlich, sich viele Gedanken über ein Gespräch mit Herrn Müller zu machen.

Du solltest Dir für Deine Zukunft überlegen, wie Du mit Informationen umgehst. Dazu haben wir einen Tipp für Dich:

Selbst sehr vertrauliche Informationen solltest Du immer nur so weitergeben, wie Du sie auch in einer offenen Besprechung sagen würdest!

Das hat Vorteile für Dich. Du musst nämlich nicht überlegen, ob eine der Informationen einen besonderen Grad der Vertraulichkeit genießt. Hast Du sie einfach nur zu früh preisgegeben, musst Du Dich auch nur für den Zeitpunkt und nicht für den Inhalt entschuldigen.

Das ist einfacher und unproblematischer.

Was aber viel wichtiger ist: Niemand hat etwas gegen Dich in der Hand.

So kann man Dich auch nicht unter Druck setzen.

Denke immer daran:

Infos kommen immer auf irgendeinem Wege wieder zu Dir zurück.

Sorge dafür, dass Du hier keine „offene Flanke" bietest.

Ja, das ist leider leichter gesagt als getan.

Du musst nämlich in Deinem Führungsgeschäft anderen Menschen vertrauen.

Man kann sich als Führungskraft nicht so einfach abschotten, damit keiner eine Info über Dich hat. Als Führungskraft bist Du auch ein gutes Stück „gläsern".

Aber um Abschottung geht es bei unserem Hinweis auch gar nicht.

Wir möchten Dir nur vermitteln, dass es sich viel leichter lebt, wenn man jede Information wie eine offene Information behandelt. Dann wirst Du Dir sehr gut überlegen, ob Du eine offene Information mit viel vertraulichem Inhalt „fütterst".

Wenn Du es machen möchtest, ist es okay.

Aber mache es bitte bewusst!

Sonst fällt die unbewusste Handlung oder Infoweitergabe auf Dich zurück, ohne dass Du eine Strategie hast, wie man damit umgehen kann.

22 - Früher oder später kriegen sie Dich!

Du hast ein Geheimnis?

Du möchtest nicht als inkompetent gelten?

Du möchtest nicht, dass man negativ über Dich redet bzw. denkt?

Vergiss es!

Früher oder später kriegen sie Dich!

Es ist ja durchaus menschlich zu hoffen, dass man im Berufsleben als Führungskraft strahlen kann oder zumindest unbehelligt seiner Arbeit nachgehen kann.

Du möchtest doch auch „nur" Deinen Job machen.

Tja, so einfach ist das nicht!

Als Führungskraft sieht Dich jeder.

Du musst nach außen kommunizieren und negative Entscheidungen treffen. Dabei wirst Du den einen aus dessen Sicht benachteiligen und andere bevorzugen. Es spielt keine Rolle, ob Du etwas dafür kannst und Zwängen unterliegst. Du bist oftmals der Überbringer der schlechten Nachrichten und wirst mit diesen „in einen Topf geworfen".

Jeglicher Versuch, aus dieser „Misere" „unschuldig" oder gar gut herauszukommen, hat eine limitierte Erfolgschance. Beim ersten Mal klappt es noch, weil Du neu bist. Das zweite, dritte und vielleicht sogar vierte Mal lässt man es Dir noch durchgehen. Aber dann „kippt die Waage". Du wirst dann an der schlechten Nachricht und der Art, wie Du damit umgehst, gemessen.

Ist das schlimm?

Wenn Du begonnen hast, Führungskraft zu sein, auf jeden Fall.

Bei Dir schleicht sich vielleicht das Gefühl des Ertapptwordenseins ein.

Vielleicht bist Du auch cool und der Meinung als Führungskraft „etwas Besseres" zu sein.

Aber glaube uns, diese Coolness, falls sie überhaupt echt ist, wird sich legen. Du wirst nämlich immer mehr nach außen eine Show abliefern und innerlich zerrissen sein.

Deine Umwelt glaubt Dir vermutlich die Lockerheit.

Aber erfahrene Führungskräfte wissen, dass Du Dich gerade kaputt machst.

Also, was sollte man tun?

Sich darauf einstellen, dass es Dich erwischen wird!

Du schaffst es nicht, auf Dauer zu strahlen oder mit einer weißen Weste herumzulaufen. Man wird Dir irgendwann etwas nachweisen. Du wirst Fehler machen und man wird Dir sagen: „Wie kann man denn einen solchen Fehler machen?". Bereite Dich darauf vor.

Je schneller dieser Moment kommt, umso schneller kannst Du die Schockstarre erleben und überwinden.

Dein Leben wird sich verändern, wenn Du diese Schockstarre mit dem Wissen der Dich erwartenden Situationen hinter Dir hast.

Du wirst lockerer werden, wenn Du verstehst, um was es bei dieser Sache geht.

Allerdings gehst Du auch kaputt, wenn Du immer wieder versuchst, die nächsten Fehler zu vermeiden.

Ein paar Fehler lassen sich vermeiden.

Immerhin sollst Du ja auch aus Deinen Fehlern lernen. Im optimalen Fall machst Du einen bestimmten Fehler nur einmal und kannst die Analogie verwenden, um ähnliche Fehler zu vermeiden.

Aber nur nicht zu viel Optimismus!

In Summe bleibt eine stattliche Anzahl Fehler übrig, die man so standardmäßig macht. Willst Du sie alle vermeiden, dann denk an unsere Erfahrung: Früher oder später kriegen sie Dich!

Was passiert aber, wenn Du unserem Rat folgst und Dir der Fehler bewusst bist, sie versuchst zu verhindern oder zu mildern, ihnen nicht zu viel Bedeutung zumisst und Du Dich freust, wenn man Dich auf die Fehler hinweist?

Du suchst stetige Verbesserung!

Deinem Umfeld fällt das auf, Deine Zufriedenheit mit Dir selbst steigt und Dein Leben wird ruhiger!

Fehler verhindern wollen ist richtig, aber eben nicht um jeden Preis.

Das Leben besteht nun mal aus Lernen. Da kannst Du so alt werden, wie Du möchtest. Wenn es wirklich optimal läuft, darfst Du immer wieder neue Sachverhalte dazulernen. Bleibe also lernfähig und freue Dich darauf, an Fehlern zu wachsen. Freue Dich über jeden Fehler, den Du mal eine Zeitlang vermeiden konntest.

Er wird wiederkommen.

Vielleicht gelingt es Dir aber die Periode, bis der Fehler wieder passiert, zu verlängern.

Wenn Du mal diese Schwelle überschritten hast bzw. Dich in dieser Form konditionieren kannst, dann wird man Dich nicht mehr „kriegen", sondern Dir in Zukunft nur noch helfen, besser zu werden.

Und das macht Spaß.

23 - Tritt für Dich ein, aber kämpfe keinen aussichtslosen Kampf!

Wer ist die Person, die Dich in Deinem „Kampf" um die Karriere und anderer Themen unterstützen kann?

Sorry, niemand!

Im Berufsleben gilt einer der Standardweisheiten des Lebens:

Hilf Dir selbst, sonst hilft Dir niemand!

Sicherlich gibt es die temporären Freunde, die Dich unterstützen werden, wenn es zu ihrem Vorteil oder zumindest nicht zu ihrem Schaden ist.

Nein, Du kann das nicht immer sehen!

Du kannst vielleicht erahnen, wie Deine Unterstützer gerade denken. Sicherlich kannst Du Dir auch mal etwas von ihnen sagen lassen. Aber zwischen Reden und Tun gibt es leider noch eine große Spanne.

Aus unserer Erfahrung heraus sind Unterstützer, die Dich mal temporär „fallen lassen", nicht unzufrieden mit Dir oder gar „böse" Menschen. Nein, sie sind manchmal einfach nur eigenen Zwängen unterlegen und müssen Dich ggf. mal „opfern".

Ist das schlimm?

Wenn Du unerfahren bist, ja, vielleicht.

Bist Du dagegen erfahren und hast solche Situationen mehrfach erlebt, weißt Du, dass sie kommen.

Mit der Zeit entwickelst Du auch ein gewisses Maß an Verständnis dafür. Immerhin musstest Du in Deinem eigenen Berufsleben auch schon so agieren, obwohl Du Deinen Protegé eigentlich fördern wolltest.

Was genau ist das Problem?

Dass Du Dich auf die Hilfe anderer verlässt, wenn Du unerfahren bist.

Um hier keine falsche Richtung einzuschlagen: Es ist richtig, um Hilfe zu bitten und zu erwarten, dass man sie auch erhält.

Es ist aber naiv zu glauben, dass das tatsächlich auch immer passiert!

Eine positive Sache zu unterstützen, ist für Deine Helfer einfach. Man muss nur sagen, habe ich ja schon immer gewusst, dass mein Protegé es kann.

Eine negative Sache zu unterstützen, ist unfassbar schwer. Man muss nämlich zugeben, dass man sich bei seinem Protegé geirrt hat. Das schlägt auf die Unterstützer unmittelbar zurück.

Wenn Du bereits viel bzw. sehr viel Gutes für sie vollbracht hast, werden sie sich einen Ruck geben und Dir Rückendeckung geben.

Aber nicht um jeden Preis!

Sie werden sich IMMER eine Rückzugsebene offenhalten. Und die heißt meistens: „Das habe ich nicht gewusst", „So hat man mich nicht informiert" und „Wenn ich das so gewusst hätte…".

Hast Du allerdings noch keine „Kohlen aus dem Feuer geholt", wird sich auch niemand für Dich einsetzen. Du bist allein und alle Augen richten sich auf Dich.

Dann siehst Du selbst Deine Unterstützer auf der anderen Seite stehen und Dich kritisch anschauen.

Was passiert dann in Dir fast immer: Du fühlst Dich verlassen, verraten und einsam!

Das Problem sind aber nicht Deine Unterstützer.

Du bist das Problem!

Du hast Dich nicht so aufgestellt, dass Deine Unterstützer Dir helfen können.

Sie sind nicht dafür da, Dich aus dem Morast zu holen. Sie helfen Dir ein wenig.

Das ist entscheidend, wenn Du bereits auf dem richtigen Weg bist.

Hast Du dagegen den falschen Weg eingeschlagen, kannst Du dankbar sein, wenn man Dich wenigsten darauf hinweist.

Also: Ändere Deine Einstellung!

Geh sorgsam mit Deinen Unterstützern um.

Gib ihnen die Chance Dich unterstützen zu können. Wenn Du Fehler gemacht hast, beichte sie offen und frage nach, ob man Dir etwas helfen könnte. Einem Menschen, der Reue zeigt und sich selbstkritisch darstellt, kann man als Unterstützer gefahrlos helfen. Das wiederum erwartet man von Unterstützern. Insoweit kann sich ein Unterstützer dem auch nicht entziehen.

Der entscheidende Schritt bzw. Unterschied liegt also daran, welche Belastung Dein Unterstützer aushalten muss, auch wenn die anschließenden Hilfehandlungen die gleichen sein werden. Muss Dein Unterstützer sich an die Seite eines „Verlierers" stellen und damit auch zu einem werden oder kann er einer Bitte um Hilfe stattgeben? Das ist die entscheidende Frage.

Wenn Du unerfahren bist, wird Dir der Inhalt dieses Kapitels vielleicht fremd vorkommen. Aber mit zunehmender Erfahrung wirst Du merken, was wir meinen.

Keine Führungskraft kann sich dieser Dynamik des Unterstützens entziehen!

Du musst als Führungskraft selbst oftmals entscheiden, ob Du Deinem Personal „blind" alles verzeihst, Du alles kontrollierst oder ob Du Dich ab und zu von Deinem Personal „entfernst".

In der Praxis wirst Du eine sehr einfache Erfahrung machen:

- **Top-Personal**

  Deine Top-Leute unterstützt Du auch wenn es schwierig ist. Sie arbeiten aber so gut, dass Du nur schwerlich Möglichkeiten findest, sie überhaupt zu unterstützen, weil sie einfach so gut sind.

Deshalb freut es Dich regelrecht, wenn Du bei diesem Personal auch mal etwas beisteuern kannst.

- **Schwaches Personal**

  Deinem schwachen Personal stehst Du ab und zu bei, um es nicht komplett abgleiten zu lassen. Ansonsten hältst Du eine natürliche Distanz. Du kennst ja die schwachen Ergebnisse und hast schon genug damit zu tun, Deiner Dir übergeordneten Führungskraft zu erklären, warum Du Dein Personal nicht zu besseren Leistungen weiterentwickeln kannst.

- **„Normales" Personal**

  Deinem Personal mit „normalen" Leistungen springst Du manchmal bei und manchmal nicht. Das ergibt sich situationsbedingt und man kann es nicht steuern bzw. sich nicht von vornherein vornehmen. Es entwickelt sich aus der Situation heraus.

Du kennst die Gauß'sche Normalverteilung? Top-Leute und sehr schwaches Personal hast Du nur eingeschränkt. Die große Menge Deines Personals besteht aus denen, die eine „normale" Leistung erbringen. Deshalb springst Du in Summe eher situativ Deinem Personal manchmal bei und manchmal nicht.

Wenn Dir das klar geworden ist, wird Dir auch klar sein, wie Dich Deine Unterstützer sehen.

Unser Tipp: Nimm es als normal hin und versuche möglichst viel selbst für Dich zu „kämpfen".

Ein anderer macht es nur unter bestimmten Voraussetzungen.

Und das ist nicht schlimm!

23 - Tritt für Dich ein, aber kämpfe keinen aussichtslosen Kampf!

123

Manchmal ist der Kampf in persönlichen Dingen auch aussichtslos. Wenn etwa Deine Vorgesetzten nicht vom Besseren zu überzeugen sind, wenn Deine guten und sinnvollen Argumente komplett ins Leere laufen, wenn Du keine Unterstützung mehr erhältst und langsam das Gefühl bekommst, dass Deine Arbeit überflüssig ist, weil sie keinerlei Wertschätzung oder wenigstens Unterstützung erhält oder Du das Gefühl hast, dort keine gute Arbeit mehr zu leisten.

Dann ist es Zeit, Dir selbst eine Frage zu stellen und möglichst ehrlich darauf zu antworten: Macht es überhaupt noch Sinn, dort Deine Arbeit fortzusetzen?

Wir plädieren nicht dafür, bei Schwierigkeiten gleich das Handtuch zu werfen – wovon wir sprechen, ist ein Grad des Verfahrenseins von Situationen, die nur noch durch einen Personalwechsel lösbar sind.

Wenn es nicht so sein sollte, dass sich Dein Vorgesetzter in absehbarer Zeit verabschiedet, solltest Du darüber nachdenken, ob es nicht für Dich an der Zeit ist, Dir ein neues Betätigungsfeld zu suchen.

Aber dieser Wechsel muss wohlüberlegt und gut vorbereitet sein!

Begehe nicht den Fehler, offen zu kommunizieren und Deinem Vorgesetzten die Entscheidung zu einem Zeitpunkt mitzuteilen, zu dem Du noch nicht sicher weißt, dass Du tatsächlich eine andere Stelle gefunden hast.

Er wird versuchen, selbst gut nach außen dazustehen und Dir die Misere in die Schuhe zu schieben.

Das ist alles nur menschlich!

Bereite Deinen Wechsel smart vor, trage dem System nichts nach und versuche, für Deine berufliche Zukunft daraus zu lernen. Auch diese Situation ist vermeidbar und es sollte immer Deine freie Entscheidung sein, einen beruflichen Wechsel voranzutreiben!

Vermeide es, Dich selbst in eine Lage zu bringen, in der Du nicht mehr agieren, sondern nur noch reagieren kannst. Dann musst Du annehmen, was Dir angeboten wird, und kannst nicht mehr frei wählen.

Entscheidest Du selbst und agierst Du weiterhin klug, hältst Du die Entwicklung in Deinen eigenen Händen und überlässt die Entscheidung über Deine berufliche Existenz nicht anderen.

Kämpfe können auch in anderer Hinsicht aussichtslos sein: Manchmal wirst Du möglicherweise fachlich an Deine Grenzen stoßen. Es wird Momente geben, in denen Du Meinungen nach außen vertreten musst, die nicht Deine eigenen sind, schlimmer noch, die Dir nicht vertretbar erscheinen. Oder Du merkst, dass sich die Dinge überhaupt nicht so entwickeln, wie Du sie Dir vorgestellt hast, sei es Dein eigenes Fortkommen, sei es die fehlende Veränderungsbereitschaft der Organisation als Ganzes.

Auch hier solltest Du immer Herr der Lage bleiben und smart agieren.

Stelle für Dich fest, was Dir wichtig ist und was verzichtbar.

Sollte es die Grundlagen Deiner berufsethischen Überzeugung treffen, ziehe die notwendigen Konsequenzen und „verkämpfe" Dich nicht. Manchmal ist es smarter und ressourcenschonender, einfach aus der Situation herauszugehen und einen neuen Weg zu suchen, als zu versuchen, sprichwörtlich mit dem Kopf durch die Wand zu rennen.

Du hast noch viele Berufsjahre vor Dir und solche Kämpfe kosten sehr viel Kraft, die Dir dann an anderer Stelle wieder fehlt.

24 - Suche Dir professionelle Unterstützung!

Vieles lernen wir im alltäglichen Arbeiten durch Ausprobieren, durch Fort- und Weiterbildungen und durch gezieltes Nachfragen bei Kolleginnen und Kollegen. Es gibt aber durchaus Situationen, in denen man nicht weiterweiß und auch nach vielem Nachdenken keine befriedigende Antwort findet.

Hier bietet sich an, gezielt eine professionelle Unterstützung zu suchen.

Coaching

Dies kann zum Beispiel ein Coach sein, der in bestimmten Phasen der beruflichen Entwicklung sehr gut unterstützen und begleiten kann.

Ein Coaching in Anspruch zu nehmen, ist kein Zeichen von Schwäche, mit den Problemen nicht allein zurecht zu kommen. Ein Coach kann Perspektiven einnehmen, die man allein und mitten in einer schwierigen Situation nicht immer einnehmen kann.

Manchmal fehlt auch die professionelle Distanz, die der Coach per se einnehmen kann. Ein Coaching kann Dir in Zeiten helfen, in denen Du auf für Dich wichtige Fragen allein keine befriedigende Antwort findest.

Es gibt möglicherweise Zeiten, in denen Deine Rolle und konkrete Führungsaufgabe in der Organisation unklar ist, was Dich verunsichern kann. Ein Coach kann Dir helfen, die Rolle klarer zu definieren.

Auch kann es Konflikte geben, die Du unbedingt lösen möchtest, aber den Ansatzpunkt dafür nicht so recht finden kannst.

Durch einen Coach kannst Du darin trainiert werden, Konflikten nicht auszuweichen oder einfach zu hoffen, dass sich der Konflikt von allein löst.

Dort kannst Du zum Beispiel anhand einiger Rollenspiele üben, was Dir mit der Zeit eine Sicherheit gibt, auch sehr schwierige Gespräche strukturiert und zielgerichtet zu führen und dabei den Menschen nicht aus den Augen zu verlieren.

Lass Dich hier von Deinem persönlichen Eindruck leiten: Ein Coaching ist eine höchstpersönliche Angelegenheit und Du solltest mit jemandem zusammenarbeiten, der Dir liegt und Deinen Standpunkt versteht. Sollte es nicht so sein oder solltest Du in einem Coaching, das bisher sehr gut lief und Dir viel gebracht hat, nicht mehr vorankommen, mache eine Pause und denke über einen Wechsel nach. Das ist legitim und sollte offen mit dem Coach besprochen werden.

Familie und Freunde

Auch ist es hilfreich, sich mit einem Menschen, der die notwendige emotionale und professionelle Distanz zu Dir selbst hat, auf fachlicher Ebene auszutauschen. Familie und Freunde sind oft zu nah an Dir dran, eine neutrale Einschätzung abzugeben und oft gehemmt, Dir Ratschläge zu geben, die Du eigentlich nicht hören möchtest.

Auch können Probleme im Arbeitsleben private Beziehungen arg strapazieren. Dann ist es hilfreich, einen professionellen Raum zu haben, in denen Probleme auch einmal einfach nur „stehengelassen" werden können. Und letztlich ist es auch schön, nach Hause zu kommen und von dem einen oder anderen Problem nicht mehr behelligt zu werden.

Nutze die Zeit zu Hause zur Regeneration und versuche, die Probleme von dort fernzuhalten.

Natürlich ist ein Austausch mit Familie und Freunden sinnvoll und notwendig, es soll aber nicht in einem tagtäglichen Nacharbeiten der Bürostunden ausufern. Der Coach hilft Dir, von Zeit zu Zeit eine Standortbestimmung durchzuführen.

Er hilft zu hinterfragen, ob der berufliche Kurs noch der richtige ist und zeigt Dir die erreichten Ziele in der persönlichen Entwicklung als Führungskraft auf.

Psychologe

Es gibt aber auch extreme Situationen, in denen ein Coaching und die Familie und die Freunde möglicherweise nicht mehr als Unterstützung ausreichen.

Auch wenn Du schon einige Jahre als Führungskraft erfolgreich gearbeitet hast und denkst, schon so allerhand gesehen zu haben, ist es manchmal überraschend, vor welche Herausforderung Dich Dein berufliches Leben stellen kann. Natürlich hilft Dir Dein Netzwerk aus Freunden und Familie.

Aber manchmal fehlen dort die professionellen Instrumentarien.

Höre in dieser Zeit auf Deine Familie und Deine Freunde, wenn sie Dir tatsächlich einmal raten sollten, weitergehende Hilfe in Anspruch zu nehmen. In manchen Situationen merkst Du möglicherweise nicht mehr selbst, dass Du nicht mehr allein mit der Problembewältigung zurechtkommst.

Die professionelle Unterstützung eines Psychologen gibt Dir dann Sicherheit und Feedback und Du wirst sehen, dass Du sehr schnell selbst wieder „auf die Beine" kommst und etwas sehr Sinnvolles für Dich getan hast – Du hast Dich um Dich selbst gekümmert und Deine Bedürfnisse wahr und ernst genommen.

25 - Bleibe gesund!

Ein höhenverstellbarer Schreibtisch und der Weg vom Parkplatz zum Büro sind gute erste Schritte zum Gesundbleiben.

Aber leider noch nicht genug!

In den ersten Jahren der Berufstätigkeit ist es für Dich vielleicht noch kein Thema, regelmäßig Sport zu treiben und sich auch während des Arbeitstages ausreichend zu bewegen.

Hier nützen schon die kleinen Dinge wie das Treppenlaufen statt des Aufzugs oder ein gesundes, ausgewogenes, vollwertiges Frühstück und gesunde Zwischenmahlzeiten, Übergewicht und schlechte Blutwerte zu verhindern. Sollte es eine Kantine geben, hilft der Griff zur Salatbar eher als das Schnitzel und auch gesunde Lieferdienste sind eine gute Alternative zu Fast Food und das schnelle Stückchen aus der Bäckerei.

Sollte Dein Arbeitgeber Gesundheitsprojekte anbieten
und auch Präventionssportangebote machen,
nutze sie!

Etwas Schöneres gibt es nicht, als sich auch während der Arbeitszeit und nicht nur in der Freizeit um seine Gesundheit zu kümmern.

Such Dir Verbündete, die die Sportstunde mit Dir gemeinsam besuchen.

Sei Vorbild für Deine Mitarbeiter!

Sieh Dich als Multiplikator des gesunden Lebensstils und andere werden es Dir gleichtun!

Sport und ausreichende Bewegung sind ein sehr gutes Mittel, abends den Stress des Bürotages loszuwerden und ausgeglichen in den Schlaf zu finden.

Nutze alle Gelegenheiten, Sport zu treiben und suche Dir dabei die Sportart, die Dir dauerhaft liegt. Beim einen ist es der Ausdauersport, beim anderen Yoga oder Pilates und ein Dritter liebt den Kampfsport.

So unterschiedlich die Menschen sind, so unterschiedlich ist die Interessenlage bei sportlichen Betätigungen.

Wenn Du die Gesellschaft liebst, suche Dir ein familiär geführtes Fitnessstudio und Du wirst abends und an den Wochenenden oder eventuell sogar frühmorgens noch vor dem Arbeitsbeginn auf völlig andere Gedanken kommen. Und Du tust Dir jeden Tag etwas Gutes!

Setze Dir dabei zunächst kleine und damit auch in absehbarer Zeit erreichbare Ziele, damit Du nicht zu schnell frustriert bist und aufgibst.

Ein schönes Ziel kann es sein, gemeinsam mit den Kollegen auf Gruppenevents wie Firmenläufe oder Sportabzeichen hin zu trainieren.

Du wirst sehen, in Sportkleidung und angenehmer Umgebung wirst Du die Kollegen auf eine andere Art kennenlernen und neue Verbindungen knüpfen.

Sollte Dich einmal eine ernsthafte Krankheit erwischen, nimm Dir die Zeit, wieder völlig gesund zu werden!

Nichts ist schlimmer als der falsch verstandene Ehrgeiz, lieber krank als gar nicht arbeiten zu gehen.

Womöglich hinterlässt dies einen dauerhaften Schaden oder die Krankheit wird chronisch.

Damit ist niemandem geholfen!

Deine Mitarbeiter haben das Recht auf einen gesunden und einsetzbaren und damit auch ansprechbaren Vorgesetzten.

Sollte es einmal notwendig werden, eine Kur oder Reha zu machen, gehe damit offensiv um und nutze diese Angebote.

Wir raten jedoch nicht dazu, mit jeder Erkrankung offensiv umzugehen, sondern hier die Vorteile mit den Nachteilen der Information von Mitarbeitern und Vorgesetzten gegeneinander abzuwägen und in Ruhe zu entscheiden.

Nicht jeder Vorgesetzte sieht seine Fürsorgeverpflichtung Dir gegenüber und rechnet es Dir positiv an, dass Du ihm das entsprechende Vertrauen entgegengebracht hast, über Deine Erkrankung zu informieren.

Manch einer legt dies als Schwäche aus und legt es darauf an, das nun geschwächte Glied seiner Dienstleistungskette bei nächster Gelegenheit outzusourcen.

Manche Diagnosen führen gar dazu, dass Dir über Jahre die Chance auf berufliche Weiterentwicklung genommen wird.

Erarbeite Dir eine Strategie, was Du wann und warum tun möchtest und rechne damit, dass bei publik werden Deiner Erkrankung nicht jeder einfühlsam reagiert.

Jedoch muss mit der Strategie Schluss sein, wenn es für Deine Gesundung essenziell notwendig ist, Deine Vorgesetzten und Mitarbeiter zu informieren.

Wenn es etwa durch Therapiemaßnahmen zu zahlreichen Ausfällen kommt oder, wenn Du in Deiner Belastbarkeit deutlich eingeschränkt bist und Du im Alltagsgeschäft Entlastung erfahren musst.

Oder wenn es der Fall ist, dass Du für mehrere Monate ganz ausfallen wirst.

Hier geht die Gesundheit immer vor!

26 - „Kaputt machen" oder „kaputt gemacht werden"!

Du kannst andere kaputt machen.

Du kannst Dich kaputt machen.

Du kannst kaputt gemacht werden!

Im Laufe der Jahre wird die Zahl der Menschen in Deinem privaten und beruflichen Umfeld mit schwerwiegenden Erkrankungen oder die Zahl der Todesfälle massiv zunehmen.

Du wirst auch erkennen, dass in den nächsten Jahren die Zahl der psychischen Erkrankungen am Arbeitsplatz noch weiter zunehmen wird.

Deine Aufgabe muss es sein, Dich gesund zu halten und dafür Sorge zu tragen, dass Du mit Deinem Verhalten nicht zu Erkrankungen Deiner Mitarbeiter beiträgst.

Wir haben als Führungskräfte die Aufgabe, sorgsam mit der wertvollsten Ressource, die wir haben, dem Menschen, umzugehen!

Bitte verstehe es nicht falsch!

Du bist kein Coach und kein Psychotherapeut. Aber solltest Du Warnzeichen erkennen, ist Dein Einschreiten erforderlich.

Du kannst nicht alle Warnzeichen kennen, aber einige sollten Dir geläufig sein.

So ist es bedenklich, wenn offensichtlich gesunde Mitarbeiter verstärkt über Unwohlsein und sogar Bauchschmerzen klagen.

Natürlich kommt das häufig im Normalfall vor, weil viele Stresssituationen auf Berufstätige sowohl im Berufsleben als auch im Privaten wirken.

Du sollst ja auch kein Mediziner sein, der eine Diagnose durchführen kann. Von Dir als Führungskraft kann man aber erwarten, dass Du die Veränderung bemerkst und versucht zu reflektieren, ob das etwas mit Deiner unmittelbaren Führung zu tun hat.

Wenn ja, solltest Du etwas tun!

Zumindest solltest Du ein Personalgespräch führen und versuchen, die Problemstellungen zu ergründen.

Öffnet sich die Person im Gespräch, musst Du mit ihr Lösungen erarbeiten und deren Umsetzung anstreben.

Manchmal kommt es auch vor, dass sich Mitarbeiter langweilen. Die Mitarbeiter entwickeln sich nicht mehr weiter.

Du kannst Dich nicht darum kümmern, Du selbst hast unheimlich viel zu tun?

Tja, da machst Du etwas falsch!

Du machst die Arbeit und nicht die Mitarbeiter.

Warum eigentlich?

Weil Du es ihnen nicht zutraust?

Weil Du die Kontrolle über alle Aktivitäten behalten möchtest?

Sei nicht Dein eigener bester Mitarbeiter!

Wenn Du alles sehen möchtest, können die Mitarbeiter nicht frei arbeiten. Sie haben einen Beruf gelernt und Erfahrungen. Die dürfen sie aber nicht einsetzen, weil Du das nicht willst.

Das macht krank!

Wir wissen, dass das Verhalten von Vorgesetzten Mitarbeiter krank machen kann. So kann natürlich auch eine dauerhafte Überforderung ohne Zeiten der Entlastung einen ebensolchen Schaden anrichten wie eine Unterforderung.

Die Unterforderung richtet vor allem dann massive Schäden an, wenn sie wissentlich als Instrument eingesetzt wird.

Lass es nicht so weit kommen!

Du wirst mit einem solchen Verhalten belastet und Dein Personal auch. Es ist besser, wenn Du Aufgaben delegierst und Deinem Personal mit mehr Vertrauen begegnest. Dann entlastet Du Dich selbst und Dein Personal bekommt endlich die Belastung, die es haben möchte.

Übertreibe es aber nicht!

Beute nicht dauerhaft die willigen Mitarbeiter aus!

Die tägliche Arbeitslast und deren Bereitschaft (nach dem Motto: „Ihr habt es doch so gewollt!") ist keine Entschuldigung!

Gönne dann auch der Gruppe der Freiwilligen die nötige Erholung.

Was hast Du davon?

Du kannst auf sie zurückgreifen, wenn Du in Not bist.

Wie groß darf Deine Not sein?

So groß, wie Du es verantworten kannst.

Deshalb: Lass die Menschen im Urlaub in Ruhe!

27 - Schließe Frieden!

Manchmal kann etwas gehörig schiefgehen.

Manchmal kann sehr viel danebengehen.

Manchmal kannst Du in eine Situation geraten, in der Du nicht mehr weißt, ob und wie es beruflich weitergeht.

Wenn Du aber irgendwann die Talsohle durchschritten hast, nimm Dir die Zeit, die Fehler und Deine Anteile daran zu analysieren.

Warum?

Damit Du nächstes Mal nicht dieselben Fehler machst.

Die Analyse benötigt ihre Zeit. Aber irgendwann ist auch einmal Schluss damit.

Vermeide es, immer wieder die Situation im Kopf durchzuspielen.

Du tust Dir damit keinen Gefallen.

Es verursacht Stress, Du durchlebst die Verletzungen immer wieder aufs Neue.

Schließe mit der Situation ab und schließe auch mit Dir und allen Beteiligten Frieden!

Es nützt ebenfalls nichts, den anderen Beteiligten – was auch immer sie getan haben – die Situation für immer nachzutragen und sie es spüren zu lassen.

Und wenn Du das System als Ganzes dafür verantwortlich machst und Deine Verletzungen öffentlich vor Dir herträgst, verschlimmerst Du nur Deinen beruflichen Alltag und bist mit Deinem Verhalten eine Last für Deine Umwelt.

Denke an die frustrierten Kollegen, die nach einer tiefen Kränkung in die innere Kündigung geflohen sind und dies auch alle Mitarbeiter spüren lassen.

Hat Dich das nicht selbst auch genervt?

Achte auf Dich und vermeide eine solche Entwicklung bei Dir.

So ein Verhalten richtet sich am Ende nur gegen Dich selbst.

28 - Mache den Realitätscheck!

Manche sprechen von der Einsamkeit der Führungskräfte.

Da ist ein Körnchen oder sogar mehr als ein Körnchen Wahrheit dran.

Warum das so ist?

Weil Du als Führungskraft eine herausgehobene Position hast und Du tunlichst vermeiden solltest zu glauben, Du findest im eigenen Laden Freunde.

Vermeide es tunlichst, mit Deinem Chef vermeintlich Freundschaft zu schließen.

Wenn es zur Bewährungsprobe kommt, wird er sich selbst näher sein als Dir.

Also wirst Du im Zweifel auf Dich allein gestellt sein.

Dabei kann es passieren, dass Du Dich von der Realität entfernst. Du bekommst möglicherweise viele Dinge nicht mehr mit oder Du bekommst sie auch nicht mehr erzählt. Du entfernst Dich dadurch von den wichtigen Alltagsdingen oder Du hast eine völlig falsche Vorstellung von Deiner Arbeitsrealität.

Nutze die Chance auf einen Realitätscheck.

Von Zeit zu Zeit tut es gut, einen externen Berater beizuziehen, der den nötigen Abstand zu den Dingen besitzt und Dich auch mit unbequemen Wahrheiten konfrontieren kann und wird.

Diese Freiheit besitzt Dein Umfeld nicht!

Und erwarte es nicht!

Nicht von Deinen Freunden und Deiner Familie, weil sie Dir zu vielen Fragen mangels fachlicher Nähe und Verständnis für Deine Nöte keine passende Antwort geben können.

Vielleicht hast Du die Chance, Dich in einem Kreis mit einer ähnlichen Führungsaufgabe Betrauter auszutauschen.

Aber auch hier ist Vorsicht geboten!

Es gibt viele Querverbindungen zu anderen Personen, die Du nicht ahnst. Verändere so oft es geht die Perspektive, damit Du nicht den Sinn für die Realität verlierst.

Wenn Du Dich stark auf eine Aufgabe fokussierst, bekommst Du einen Tunnelblick und bekommst auch von vielen anderen Entwicklungen nichts mehr mit.

Dies tut Dir und Deiner Organisation nicht gut, weil Du Dich dadurch von wichtigen Informationen abschneidest und an wichtigen und interessanten Entwicklungen nicht mehr teilhaben kannst.

Bleibe offen zu allen Seiten und informiere Dich.

Höre Kollegen in ähnlichen Positionen aufmerksam zu und suche gezielt Personen, mit denen Du Dich austauschen kannst.

Und vergiss nicht: Du bist nicht der Nabel der Welt! Im Zweifel bist so wie wir alle schnell ersetzbar.

29 - Stärke Deine Stärken!

Wir sind es gewohnt, an unseren Schwächen zu arbeiten, anstatt gezielt die Stärken zu stärken.

Ein Faktor ist unsere Erziehung, die von Anfang an versucht, vermeintliche Defizite auszugleichen.

Dies beginnt schon im Grundschulalter: Warum soll ich Mathe lernen, wenn die Schwäche bei mir die Rechtschreibung ist? Also übe ich Diktat um Diktat und verliere den Spaß, den Mathe mir macht, völlig aus den Augen.

Auch kann unser Standpunkt sein „Warum soll ich etwas, das ich sowieso schon kann, weiter ausbauen? Ist es nicht sinnvoll, das, was ich noch nicht oder nicht so gut kann, anzugehen?"

Ja, wenn die Schwäche uns daran hindert, im Büro professionelle Arbeit abzugeben, ist es sicherlich ratsam, das Defizit anzugehen. Wenn ich etwa in fachlicher Hinsicht Schwächen bei der Nutzung von Tabellenkalkulationen habe, diese Fähigkeit aber an meinem Arbeitsplatz abverlangt wird, muss ich dringend eine entsprechende Fortbildung besuchen.

Uns geht es aber um etwas Anderes: Es geht um Deine persönlichen Stärken und Talente!

Und letztendlich geht es darum, Deine verborgenen Potenziale zu entdecken!

Und es geht auch darum, nicht unnötig Zeit darin zu verschwenden, Dir selbst etwas beizubringen, worin Du nie gut sein wirst und was Dir überhaupt keinen Spaß macht.

Unter einer Stärke verstehen wir eine Kombination aus Talent, Wissen und Fertigkeiten.

Aus unserer Sicht ist es möglich, mit allen denkbaren Arten von Talenten Führungsstärke zu besitzen und sich zur Führungskraft zu entwickeln.

Es gibt keine ideale Kombination von Stärken für eine Führungskraft!

Ein Ausgleich kann durch komplementäre Partnerschaften mit anderen Kollegen erfolgen und dem eigenen Wissen um die Stärken und deren Regulierung.

Der erste Schritt ist erst einmal zu erkennen, was Deine Stärken sind!

Um dies genau herauszuarbeiten, helfen Dir Fachliteratur, Fortbildungen und Einstufungstests. Viele Menschen denken, dass sie sich selbst gut genug kennen als dass ein solcher Test noch irgendwelche Überraschungen zu Tage fördern könnte.

Aber man kann sich täuschen!

Jahrelang legt man den Fokus auf bestimmte Stärken, wohingegen andere ein Schattendasein fristen.

Bei der Identifizierung der Stärken ist es wichtig, diese auf eine einstellige Zahl zu konzentrieren und diese TOP-Stärken tatsächlich auch zu beherrschen und gezielt einzusetzen.

Die Schwächen ausgleichen zu wollen, benötigt einen um ein Vielfaches höheren Aufwand als die Stärken mit einem Teil des Aufwands zu stärken.

Hast Du Deine eigenen Stärken identifiziert, führt Dein gezieltes Fördern zu einer Erhöhung Deiner Arbeitszufriedenheit!

Vermeide aber Übertreibungen und kontrolliere Deine neue Zufriedenheit in Gesprächen mit Vertrauten.

Nutze die Erkenntnis der Stärkung der eigenen Stärken auch bei Deinen Mitarbeitern. Arbeite mit dem, was der einzelne Mitarbeiter besonders gut kann.

Es gibt keine Menschen ohne Stärken!

Wenn Du seine Stärke identifiziert hast, führt die Förderung seiner Stärken auch bei ihm zu einer höheren Arbeitszufriedenheit!

30 - Verzeihe Dir Deine Fehler und auch die der anderen!

Täglich gibt es neue Herausforderungen und Situationen, mit denen Du vorher noch nie konfrontiert warst.

Neben den menschlichen Aspekten gibt es unzählige Fachfragen, die Dir womöglich Kopfzerbrechen bereiten.

Darüber hinaus machst Du Dir vielleicht auch über Deine eigene berufliche Entwicklung Gedanken und Du bist ein ums andere Mal auch damit konfrontiert, in eigenen Dingen die „richtigen" Entscheidungen zu treffen.

Dass dann gelegentlich auch etwas schiefgeht, bleibt nicht aus.

Auch Du bist im Nachhinein vielleicht schlauer, aber das musst Du Dir nicht ewig selbst zum Vorwurf machen. Wenn Du in der Situation unter Berücksichtigung Deiner Möglichkeiten eine Entscheidung getroffen hast, die falsch war, so war es in diesem Moment die einzig für Dich richtige.

Sollest Du etwas übersehen haben, lerne daraus, aber verzeihe Dir auch.

Es nützt nichts, Dich selbst zu verletzen, indem Du Dir die Situation immer wieder vor Augen führst und Dir selbst zum Vorwurf machst. Wichtig ist nur, beim nächsten Mal nicht denselben Fehler zu wiederholen.

> **Wir sind oft selbst unsere schärfsten Kritiker**
> **und legen Maßstäbe an,**
> **die uns möglicherweise nicht gerecht werden können.**

Genauso wie wir es verstanden haben, mit unserer wertvollsten Ressource, dem Menschen, in Form unserer Mitarbeiter umzugehen, sollten wir mit derselben Achtsamkeit auch mit unseren eigenen Ressourcen umgehen.

Genau wie es Dir geht, geht es auch den anderen!

Auch sie machen Fehler, auch sie kommen manchmal in Situationen, (vor)schnell eine Entscheidung treffen zu müssen, und dann treffen sie vielleicht auch mal die falsche.

Warum soll es ihnen besser gehen als Dir?!

In diesem Wissen fällt es Dir vielleicht etwas leichter, auch deren Fehler zu verzeihen.

Wir meinen damit nicht, dass Du naiv sein und alles großzügig verzeihen sollst.

Vergiss es nicht, gib dem anderen jedoch auch die Chance, die Du Dir selbst gibst, es beim nächsten Mal besser zu machen.

Wenn es aber um massive Fehlentscheidungen mit erheblichen Auswirkungen für Dich geht, wirst Du nicht umhinkommen, die Situation zu klären und das Gespräch zu suchen.

Hier raten wir eine Klärung im eigenen Interesse, da Du sicher sein musst, dass sich dies nicht mehr wiederholt.

31 - Beobachte!

Du kannst durch aufmerksames Beobachten sehr viel lernen!

Die Situationen sind vielfältig: Du kannst Deinen Vorgesetzten in der Interaktion mit anderen Führungskräften, seinem eigenen Vorgesetzten oder eigenen Mitarbeitern und Dritten beobachten.

Beobachte auch Deine Kollegen im Gespräch mit anderen!

Beobachte Menschen, wie sie mit Dir kommunizieren!

Schule Dich in der Kommunikation!

Besuche Fortbildungen zu diesem Thema und scheue auch nicht davor zurück, das eine oder andere Rollenspiel zu üben, auch wenn Du es im ersten Moment albern finden solltest.

Du wirst viel über Dich selbst erfahren und wie Du von Dritten wahrgenommen wirst.

Selbstbild und Fremdbild sind für manche Menschen unbekannte Begriffe.

Von Dir als Führungskraft kann aber erwartet werden, dass Du Dich selbst hinterfragst und weißt, wie Du auf andere Menschen wirkst und wie Du Dich selbst wahrnimmst.

Selbsterkenntnis und Kommunikation sind Themen, in denen Du nie auslernen wirst.

Wenn Du einen neuen Job beginnst, ist es essenziell für Dich, Deine gesamte Umgebung aufmerksam zu beobachten: Wer kann mit wem, wer geht wem aus dem Weg, wie sind die ungeschriebenen Regeln an Deinem neuen Arbeitsplatz.

Man wird es Dir nicht unbedingt gleich erzählen, was Du wissen musst, darum bist Du zunächst auf Dich allein gestellt.

Lerne die Arbeitsprozesse durch aufmerksames Beobachten kennen.

Schaue Dir Routinen an und halte Dich zurück.

Beobachte im Stillen und kommentiere die Dinge nicht!

Lass Dich nicht in Versuchung führen, Deine ersten Eindrücke zu teilen. Oft formulieren die Vorgesetzten, dass sie dankbar seien, Dich als sehr qualifizierte Führungskraft gewonnen zu haben und dankbar für jede Rückmeldung seien, was Dir als „Außenstehender" auffalle.

In der Regel suchen Vorgesetzte nicht Kritik, sondern Bestätigung.

Es ist ihr Laden, der unter die Lupe genommen wird, also halte Dich mit entsprechenden Äußerungen extrem zurück, sondern mache Dir Notizen für später und beobachte im Stillen weiter.

32 - Verliere nie die Kontrolle!

Verliere nie die Kontrolle über Dich!

Und verliere nie die Kontrolle über die Situation!

Es werden immer wieder überraschende Situationen auftauchen und Deine Kollegen werden bei Dir Reaktionen auslösen, die Du so oder auch in der Intensität bei Dir noch nicht wahrgenommen hast.

Deine Aufgabe wird es sein, Dich selbst noch besser kennenzulernen und Deine Handlungsmöglichkeiten gezielt einzusetzen, ohne Dich emotional zu einem Verhalten hinreißen zu lassen, das Du später möglicherweise bereust.

Manchmal ist es besser, aus einer Situation herauszugehen und um eine kurze Unterbrechung zu bitten, als spontan und aus einem Impuls heraus zu reagieren und sich später nur über sich selbst zu ärgern.

Nutze die Zeit, Dir über die Situation und Deine weitere Strategie im Klaren zu werden und sei kein Getriebener von Deinen Gefühlen!

Das Gefühl entsteht durch den Gedanken, nicht anders herum. Das heißt, Du hast es sehr wohl in der Hand, wie Du Dich fühlst und niemand anders.

Dies bedeutet, dass Du auch mal zornig sein kannst und dies auch zeigen darfst.

Aber kontrolliert!

Nutze dies als Instrument und gib nicht den anderen die Möglichkeit, Dich zu manipulieren und gezielt die Reaktionen bei Dir mit bestimmten Verhaltensweisen auslösen zu können.

Nur Du hast die Kontrolle über Dich!

Ja, tatsächlich – es gibt Kollegen, die bewusst Verhaltensmuster von Vorgesetzten ausnutzen.

Und manchmal machen wir es ihnen ja auch nur zu leicht.

Nimm zum Beispiel den Fall, dass sie Dir gezielt Informationen „durchstecken", um eigene Ziele zu verfolgen. Du kannst die Informationen verwerten, Du musst es aber nicht.

Mach' Dir immer klar, was Du dadurch verursachst, dass Du auf bestimmte Weise ansprechbar bist.

Wenn etwa ein Mitarbeiter wie zufällig die eine oder andere Bemerkung über einen Mitarbeiter fallen lässt. Zum Beispiel mit der Bemerkung „Mir war vorher schon klar, dass sie sich an dem Tag krank meldet."

Überlege Dir, ob Du die Bemerkung unwidersprochen stehen lässt, dann weiß der Kollege, dass die Bemerkung ihr Ziel erreicht hat und in Dir arbeitet oder Du reagierst darauf und fragst nach, was er denn genau damit meine.

Gib Gerüchten und schlechter Stimmungsmache keinen Raum, lass die Kontrolle über die Situation bei Dir und unterschätze nicht, was Du als Vorgesetzter für einen Einfluss auf Dein Team hast.

Behalte dabei immer die Kontrolle über die Situation.

So kann es vorkommen, dass Kollegen versuchen, Dich zu provozieren. Es kann passieren, dass Mitarbeiter Dich vor anderen kritisieren. Mal geschieht dies, um die eigene Machtposition zum Beispiel gegenüber Euren Vorgesetzten zu stärken, mal geht es darum, den eigenen Willen durchgesetzt zu bekommen.

Mal kann es sein, dass man einfach nur versucht, Dich schwach dastehen zu lassen, aus welchen Gründen auch immer.

Hier genügt es nicht immer, einfach zu warten, bis der Sturm vorüberzieht.

Oft ist es notwendig, dass Du Dich klar positionierst und klare Grenzen setzt.

Ansonsten geht ein Abwarten mit einem Autoritätsverlust einher.

Sollte jemand laut werden oder seine eigenen Gefühle gerade gar nicht mehr im Zaum halten können, unterbrich das Gespräch.

Eine Fortsetzung nützt hier niemandem etwas.

Bringe klar und bestimmt zum Ausdruck, wenn Du ein bestimmtes Verhalten nicht tolerierst.

Welche Gefühle so ein Verhalten in Dir auslöst, geht jedoch zu allererst nur Dich etwas an.

33 - Du darfst nicht lügen!

Manchmal ist man geneigt, Legenden zu erzählen, um Menschen nicht zu verletzten oder um langen Diskussionen aus dem Weg zu gehen.

So erzählt man vielleicht seinem Mitarbeiter, dass sich der Vorgesetzte gegen seine Beförderung ausgesprochen hat.

In Wirklichkeit war man es selbst.

Du kannst sicher sein – früher oder später kommt die Wahrheit ans Licht!

Und dann hast Du unter Umständen viel Vertrauen verspielt.

Und es gibt keine vernünftige Erklärung, die Lügen rechtfertigt.

Du schuldest Dir selbst die Wahrheit und Du bist sie auch Deinen Mitarbeitern schuldig.

Und dies gilt insbesondere auch im Kontext von Beurteilungen und Beförderungen.

Rede Dich nicht heraus, sondern konfrontiere nötigenfalls den Mitarbeiter mit Deiner Leistungseinschätzung. Nur so hat er eine Chance, sich mit der getroffenen Entscheidung auseinanderzusetzen und Dinge zu verarbeiten. Andernfalls bleibt immer ein Fragezeichen übrig und im schlimmsten Fall führt dies bei einigen Menschen auch zu inneren Kündigungen. Sie sind vom System enttäuscht und von Entscheidungen gekränkt.

Die Verantwortung zur Wahrheit gilt natürlich auch für Deine Fallbearbeitung.

Auch wenn wir oft mit erfundenen Argumenten und zurecht gebogenen Sachverhalten konfrontiert werden, solltest Du Licht ins Dunkel bringen.

Es gibt immer jemanden, der die Wahrheit kennt, und nicht davor zurückschreckt, diese auch offenzulegen.

Bleibe Dir und Deinen Überzeugungen treu und lasse Dich auch nicht durch Vorgesetzte nötigen, anderslautende „Wahrheiten" zu verbreiten.

Du wirst zuallererst zur Rechenschaft gezogen und wirst Dich schwertun, alle Sachverhaltsverdrehungen im Kopf zu behalten.

Sei ein Vorbild für Deine Mitarbeiter.

34 - Du solltest nicht immer alles sagen, was Du weißt

Du solltest nicht immer alles sagen, was Du weißt.

Und auch nicht, was Du denkst!

Das Problem besteht darin, dass Du immer mehr Informationen über aktuelle Themen hast als andere.

Solltest Du auf etwas angesprochen werden, über das Du nicht sprechen darfst, raten wir Dir klar zu kommunizieren!

Zum Beispiel genügt der Hinweis: „Ich kann dazu im Moment nichts sagen, werde Sie aber umgehend informieren, wenn ich darüber sprechen darf."

Auch wenn Du noch so gern darüber sprechen möchtest und glaubst, darauf vertrauen zu können, wenn der andere Dir versichert, darüber mit niemandem zu sprechen oder Du denkst, ein Hinweis von Dir, die Information absolut vertraulich zu behandeln und so zu tun, als wusste man nicht, worüber gesprochen wird, genügt – dem ist nicht so!

Es gibt nichts Aufregenderes, als Geheimnisse an andere unter dem Hinweis, dass diese Information auf gar keinen Fall weitergegeben wird, weiterzuerzählen.

Damit ist kein böser Wille der anderen verbunden, sondern nur das gute Gefühl, etwas Wichtiges zu wissen, quasi Geheimnisträger zu sein, und dieses Wissen nun an eine ausgewählte Person seines Vertrauens weitergeben zu können. Schütze Dich davor, denn manche Dinge sind zu Dir zurückverfolgbar und das kannst Du im Nachhinein nicht mehr ungeschehen machen.

Zuweilen darfst Du noch nicht einmal einen Hinweis geben, dass Du überhaupt über die jeweilige Info verfügst.

Wir raten Dir, genau zu überlegen, was Du weitergibst.

Ja, das hast Du in diesem Buch mehrfach schon gelesen. Es ist aber auch wichtig!

Sei gerade in der Anfangszeit in einem Unternehmen oder einer Behörde sehr vorsichtig und beobachte genau, welche Informationen auf welchen Kanälen und Wegen üblicherweise weitergegeben werden.

Richte Dich nach den üblichen Gepflogenheiten und Du machst keine Fehler.

Wenn Du vorschnell Informationen weitergibst, wirst Du ansonsten das nächste Mal oder dauerhaft bei der Informationsweitergabe durch Vorgesetzte oder auch Mitarbeiter übergangen.

Gehe auch und gerade sensibel mit personenbezogenen Daten und Informationen um.

Vertraut Dir ein Mitarbeiter etwas Privates an, solltest Du klären, ob Du diese Information dienstlich verwenden darfst oder warum Du die Information dienstlich verwenden musst (zum Beispiel bei einer ernsthaften Erkrankung, die die dienstliche Verwendung einschränken kann). Ansonsten kommst Du in Erklärungsnot, wenn später klar wird, Du wusstest etwas und hast es nicht weitergegeben oder anders herum, Du hast es weitergegeben, obwohl Du es nicht gedurft hättest.

Es entsteht eine Erklärungsnot, die vermeidbar ist.

Der Klassiker dieser Situation besteht in Personalmaßnahmen.

Oft werden wir als Führungskräfte sehr frühzeitig über geplante Personalmaßnahmen informiert oder direkt in den Entscheidungsprozess darüber eingebunden.

Wir haben leider schon zu oft in der Praxis mitbekommen, dass eine geplante Maßnahme später aus diversen Gründen nicht oder mit hoher zeitlicher Verzögerung durchgeführt werden konnte.

Wenn Du es dem Betroffenen jedoch im guten Glauben vorschnell „unter dem Siegel der Verschwiegenheit" kommuniziert hast, wirst Du die Enttäuschung darüber nicht mehr beseitigen können.

Gerade in persönlichen Angelegenheiten sind Mitarbeiter in der Regel sensibel und hier solltest Du sehr vorausschauend und rücksichtsvoll agieren.

Selbst Verzögerungen – wie etwa bei geplanten Beförderungen – können Enttäuschungen und Kränkungen auslösen, da sich der Mitarbeiter möglicherweise nicht genug wertgeschätzt fühlt.

Hier entstehen Gedanken wie: „Bei allen anderen geht es doch auch schnell, warum bei mir nicht?" oder: „Ich scheine es nicht wert zu sein, dass man sich um meinen Fall kümmert!".

Dies ist vermeidbar, wenn Du die Dinge zum richtigen Zeitpunkt kommunizierst.

Aber Du solltest die eigene Vorsicht auch nicht überstrapazieren. Wenn es alle anderen schon wissen, nur Deine eigenen Mitarbeiter nicht, ist es auch zu spät!

Und dann ist da noch das Kapitel mit den Gedanken.

Wie oft ist es uns schon passiert, dass wir in einer Sitzung laut hätten schreien können oder wie oft waren wir schon in der Versuchung, klar auszusprechen, was wir von der einen oder anderen Person denken oder auch der einen oder anderen Entscheidung halten.

Doch Vorsicht!

Du musst immer miteinkalkulieren, dass nicht jeder Deine Meinung teilt oder sich andere, die hinter verschlossener Tür Deiner Meinung waren, sich beim offenen Disput plötzlich dezent zurückhalten und ihren Standpunkt nicht mehr zum Ausdruck bringen: Offen Standpunkte und Meinungen auszusprechen, setzt zum einen voraus, dass Du das Risiko kennst, was es für Dich in sich birgt.

Zum anderen musst Du Dir genau überlegen, wem gegenüber Du es in welcher Form kommunizierst.

Kommuniziere verletzungsfrei, respektvoll und der Situation angemessen.

Sei Dir dabei auch inhaltlich sicher, dass Deine Auffassung korrekt ist.

Es sollte dabei immer die Möglichkeit bleiben, dass sich Dein Gegenüber der Argumentation im Rahmen eines vernünftigen Austausches stellen kann. Er sollte nicht von Dir, mit welchen guten Argumenten auch immer, mit Wahrheiten konfrontiert werden, die er gar nicht, nicht in diesem Moment, nicht von Dir oder auch nicht in Gegenwart von anderen hören will!

Versetze Dich in seine Lage und überlege Dir, wie Du auf die Problematik angesprochen werden möchtest, wenn Du er wärst.

Halte ihm eine Hintertür offen, verliere aber nicht Deinen Standpunkt aus den Augen.

Bei aller Rücksichtnahme ist es aus unserer Sicht wichtig, einmal begonnene Austausche lösungsorientiert weiterzuführen und – wenn es sich lohnt – auch entsprechende Widerstände in Kauf zu nehmen.

Die Grenze der Rücksichtnahme liegt da, wo Du in fachlicher oder rechtlicher Hinsicht oder auch persönlich in Bedrängnis kommen könntest.

Kommunikation ist ein spannendes Thema, an dem auch wir jeden Tag aufs Neue lernen.

Auch wir werden immer wieder mit Situationen konfrontiert, die wir so auch noch nicht erlebt haben, und uns dann immer wieder neu überlegen, wie wir adäquat reagieren können.

Auch wir machen in solchen Situationen Fehler und auch wir kommen nicht umhin, uns auch mal zu entschuldigen, sollten wir etwas falsch ausgedrückt haben oder vorschnell Situationen falsch beurteilt haben.

Besser eine Entschuldigung aussprechen als beim anderen eine Verletzung auslösen, die lange Zeit braucht, um zu heilen.

Es ist viel leichter, etwas zu vergeben, wenn man beim Gegenüber erkennt, dass er ernsthaft an einer Klärung der Situation interessiert ist.

Letztlich ist die Kommunikation auch ein großes Feld, bei dem es sich immer lohnt, die eine oder andere Fortbildung zu besuchen und sich mit anderen Führungskräften über bestimmte Situationen auszutauschen.

Du wirst merken – auch die anderen kochen nur mit Wasser und auch dort passieren Dinge, die man mit dem nötigen Abstand besser handhaben lernt.

Und im besten Fall machst Du jeden Fehler nur einmal.

35 - Bleibe authentisch!

Gib Dir immer die Chance,

Dich selbst noch besser kennenzulernen!

Im Laufe der Jahre Deiner Berufstätigkeit und insbesondere auch als Führungskraft wirst Du Dich immer besser kennen lernen. Auch wenn Du jetzt denkst, ich kenne mich doch schon sehr gut, wird es immer Situationen und Gelegenheiten geben, die Du so noch nicht erlebt hast und Du daher im Vorfeld auch nicht einschätzen kannst.

Vielleicht bist Du von Deinen Gefühlen und Reaktionen selbst überrascht.

Siehe es als Chance, Dich zu entwickeln.

Auch wenn Du Fehler machst und Dich später mit mehr Abstand eventuell über Deine Reaktion und Dein Verhalten ärgerst – Du hast mit den Dir in diesem Moment zur Verfügung stehenden Mitteln reagiert und die bestmögliche Entscheidung getroffen.

Stehe dazu, stehe zu Dir und Deinen Fehlern und entscheide Dich, daraus zu lernen und in Zukunft so zu reagieren und zu entscheiden wie Du es Dir wünschst.

Nutze dabei immer Dein Potenzial und lerne, Dir mehr Handlungsoptionen zu verschaffen.

Wichtig ist zu lernen, gezielt zu reagieren und sich nicht von Emotionen steuern zu lassen.

Dies setzt wiederum voraus, dass Du Deine Emotionen wahrnimmst und sie steuern kannst.

Beobachte Dich!

Schaue genau nach, welche Situationen bestimmte Emotionen bei Dir auslösen und welche Emotionen bestimmte Verhaltensweisen zur Folge haben. Reflektiere die Beobachtungen mit Vertrauten.

Lass Dich nicht von Deinen Gefühlen antreiben, sondern entscheide Dich selbst, wie Du Dich verhalten möchtest.

Bleibe dabei authentisch.

Natürlich spielst Du als Führungskraft eine Rolle, aber Du wirst Dich besser fühlen, wenn sich diese mit Deiner Persönlichkeit deckt.

Wir raten Dir, Dich zwar adäquat zu verhalten, Dich aber nicht hinter einer Fassade zu verstecken.

Du verbringst täglich viele Stunden im Büro und solltest Dir die Chance geben, Dich dabei gut zu fühlen!

Es gibt viele Requisiten, die Dir im Führungsalltag begegnen: der eine braucht Fliege oder Krawatte, um sich in seiner Rolle wohl zu fühlen, oder ein Vorzimmer, ein teures Notebook, technische Spielereien, eigenes Mobiliar und vieles mehr.

Gestehe Dir Deine Eigenart zu und bleibe Du selbst.

Natürlich werden bestimmte Dinge von Dir abverlangt: Das kann bestimmte Kleidung sein, Teilnahmen an Abendveranstaltungen oder Veranstaltungen an Wochenenden, Besuch von Kongressen und Länderaustauschen.

Du tust gut daran, dem nachzukommen.

Aber es gibt immer Raum für Deine persönliche Wahl und Note.

Schaffe Dir in diesen Bereichen die Freiräume, die Du brauchst, um Dich wohl zu fühlen.

Je näher Du Dir selbst bist, desto größer ist die Chance, dass Du alle Aufgaben mit der nötigen Durchhaltekraft bewältigst und auf lange Sicht den Spaß nicht verlierst.

Beachte jedoch: Du stehst unter ständiger Beobachtung – es gibt nichts Interessanteres, als den Chef in Sitzungen zu beobachten und zu sehen, ob er bei bestimmten Bemerkungen oder Themen reagiert und mit wem er sich abstimmt und Koalitionen eingeht.

Das sollte Dich nicht daran hindern, möglichst Du selbst zu bleiben, aber natürlich immer in der Kenntnis, dass die wesentlichen Dinge dem aufmerksamen Beobachter nicht verborgen bleiben.

Oder kenne zumindest den Preis, den Du bezahlst, wenn Du das aufgibst.

36 - Bleibe transparent und vorhersehbar!

Es wird vielfach die Meinung vertreten, dass man als Chef und Vorgesetzter intransparent, dadurch auch auf gewisse Art geheimnisvoll und undurchschaubar sein soll.

Man solle die Mitarbeiter allein durch eine gewisse Unvorhersehbarkeit des eigenen Verhaltens im ständigen Zustand der Vorsicht und des Hab-Achts in eine Grundstimmung der Verunsicherung versetzen.

Dies soll auf irgendeine Weise zu einer höheren Produktivität und Motivation führen.

Wir denken, genau das Gegenteil ist der Fall.

Um gute Arbeit zu leisten,
sollte man sich in einem hohen Maß auch sicher fühlen können.

Versucht man als Vorgesetzter mit Angst und Verunsicherung zu führen, erreicht man unserer Überzeugung nach nur genau das Gegenteil.

Worum geht es uns in der Führungsrolle jedoch eigentlich?

Darum, dass wir im vernünftigen Miteinander und mit Zufriedenheit alle anstehenden Arbeiten erledigt bekommen.

Wie kann man das am besten erreichen?

Indem mein Mitarbeiter weiß, was ich für Erwartungen an ihn habe!

Und das erfährt er nur, indem ich in diesen Punkten transparent und vorhersehbar agiere.

Die Transparenz hat ihre Grenzen selbstverständlich dort, wo ich Dinge nicht kommunizieren kann und letztlich auch da, wo ich mich selbst in gewisser Art vor Angriffen schützen muss.

Im Übrigen spricht gegen ein hohes Maß an Transparenz und Vorhersehbarkeit überhaupt nichts, da so meinen Wünschen und Erwartungen von an einem guten Arbeitsergebnis orientierten Mitarbeitern nachgekommen werden kann und auch nachgekommen wird.

Letztlich ist ein Schlüssel für eine produktive Arbeitsebene auch der Umstand, dass der Mitarbeiter sehr genau darüber Bescheid weiß, welche konkreten Erwartungen Du als Führungskraft an ihn hast.

Und die darfst und sollst Du auch formulieren!

Oft besteht das Missverständnis, dass man doch auf bestimmte Selbstverständlichkeiten als Mitarbeiter selbst kommen solle.

Jedoch zeigt es uns sehr oft in der Praxis, dass dies nicht der Fall ist.

Zum einen muss berücksichtigt werden, dass Mitarbeiter schon mit verschiedenen und an manchen Stellen auch häufig wechselnden Vorgesetzten zu tun hatten, und jeder Vorgesetze hat andere Vorstellungen, Wünsche und Schwerpunktsetzungen.

Zum anderen erleichtert es die Zusammenarbeit enorm, wenn mein Mitarbeiter weiß, was ich von ihm erwarte und dies möglichst konkret und anschaulich formuliere.

Umgekehrt ist es sicherlich auch wünschenswert zu wissen, was meinem Mitarbeiter wichtig ist.

Dabei gehst Du fehl, wenn Du glaubst, jeder ist gleich, jeder erwartet das gleiche.

Hier sind Menschen sehr verschieden: Während ein Vorgesetzter ein selbständiges und kreatives Handeln schätzt, möchte ein anderer über alle wesentlichen Schritte kontinuierlich auf dem Laufenden gehalten werden usw. Daher solltest Du klar zum Ausdruck bringen, worauf es Dir ankommt.

Zum Schluss: Die Geschichte vom Hamster

Stell Dir vor, Du arbeitest Tag für Tag und freust Dich über Deine Ergebnisse und Dein Umfeld.

Es kommt Dir gar nicht in den Sinn, dass Du etwas verändern musst.

Du lebst nach dem Grundsatz: „Arbeite mehr und Du bekommst auch mehr!".

Und dann kommt der vermeintlich schlimmste Tag in Deinem Leben.

Völlig unverschuldet wird Dir plötzlich erklärt, dass Du Deine Arbeit nicht richtigmachst und man sich von Dir trennen muss!

Oder noch Schlimmer: Dir wird nahegelegt, Dir eine andere Beschäftigung zu suchen und zwar ohne weitere Erklärungen.

Du bist konsterniert bzw. geknickt.

Was habe ich denn falsch gemacht?

Ich habe immer alles umgesetzt, wie es gewollt war.

Alle Anordnungen habe ich so wie gewollt umgesetzt.

Ich habe mich sogar eigenständig eingebracht und man hat mir immer ein positives Feedback gegeben. Na ja, dass nicht immer alle mit dem zufrieden waren, was ich gemacht habe, liegt doch in der Natur der Sache, oder? Immerhin kann ich es als Führungskraft nicht allen recht machen. So habe ich es auch gelernt und so setze ich es um!

Jetzt erlebst Du eine Niederlage.

Man nimmt Dich heraus und für jeden wird jetzt klar: „Da war doch bestimmt etwas! Wir wissen zwar nicht, was da war, aber eigentlich haben wir es immer schon gewusst!".

Tja, und damit musst Du jetzt umgehen und leben.

Du kannst niemandem den Mund verbieten und musst das Gerede und die Abwicklung Deines Falles einfach über Dich ergehen lassen.

Aber gut, man ist „gnädig" mit Dir und versetzt Dich in einen Bereich, in dem Dich niemand kennt.

Auch wenn da vielleicht irgendetwas von Deiner alten Stelle „rüberschwappt", hier interessiert sich niemand für Deine Vergangenheit.

Du nimmst Dich der neuen Aufgabe an und merkst, dass Du es kannst. Möglicherweise bist Du sogar deutlich unterfordert.

Warum eigentlich?

Ganz einfach, man traut Dir nicht mehr so viel zu und versucht, Dich „geringwertiger" einzusetzen.

Für Dich ist das unverständlich, weil Du doch immer Deine Leistung erbracht hast. Aber gut, Du nimmst es hin und arbeitest das „Wenige" einfach ab.

Dann merken Deine neuen Chefs und Mitarbeiter, dass Du ja mehr kannst und geben Dir mehr Aufgaben.

Damit schaffen sie es aber gerade mal auf Dein Standardniveau.

Du selbst denkst und genießt es, jetzt endlich mal normal arbeiten zu können.

Dein Umfeld ist begeistert, weil Du so „unglaublich viel" kannst.

Und dann denkst Du über andere Themen nach, kommst plötzlich auf Ideen, die Du noch nicht hattest und siehst Dich selbst mit anderen Augen.

Jetzt fragst Du Dich: „Was ist anders? Bin ich anders? Was ist passiert?".

Nun ja, die Erklärung ist einfach: Du warst in Deiner vorherigen Tätigkeit im Hamsterrad und hast feste das Rad bewegt. Was Dir als Vorwärtskommen vorgekommen ist, war letztlich „nur" die Geschwindigkeit, mit der Du am Rad gedreht hast. Du bist also nicht nach vorne gekommen, sondern hast auf der Stelle die Geschwindigkeit erhöht.

Deine (vermeintliche) Niederlage besteht jetzt darin, dass man Dich aus dem Hamsterrad rausgenommen hat.

Der für Dich entscheidende Vorteil besteht jetzt darin, dass Dir durch das Herausnehmen aus dem Hamsterrad erst einmal auffällt, wo Du warst.

Erst jetzt siehst Du, dass Deine schöne Welt eigentlich nur ein Hamsterrad war.

Ist das schlimm?

Nein!

Jetzt kannst Du selbst entscheiden, ob Du weiterhin Hamster (oder treuer Soldat) sein willst.

Wenn Du nicht zurückwillst, kannst Du Dich selbst hinterfragen:

„Wenn ich kein Hamster bin,

was bin ich dann stattdessen?".

Das ist der erste Schritt, um zu Dir selbst zu finden.

Sollte Dich die Erkenntnis über Dich selbst erschrecken, „hüpfst" Du halt wieder ins Hamsterrad.

Dann wird Deine Umwelt sagen: „Hast Du es endlich kapiert, dass Du ein Hamster bist?".

Im Ergebnis bist Du dann zwar wieder in Deiner gewohnten Umgebung.

Aber Deine Position in Deinem Umfeld hat sich verschlechtert. Du hast nämlich zugeben müssen, dass sich Deine Erkenntnis nicht verändert hat und Du Dich wieder „unterwerfen" musst.

Aber hast Du erstmal das Hamsterrad verlassen und gesehen, wo Du warst, wirst Du nicht mehr zurückwollen.

Dann wirst Du Dich verändern wollen.

Im Idealfall weißt Du nämlich, was Du wirklich möchtest.

Damit wird aber Dein „altes" Umfeld ein Problem haben.

Es kann Dich nämlich nicht mehr einschätzen. Vielmehr wird es vermutlich nur noch mit Unverständnis reagieren und sagen: „Ich verstehe ihn nicht, so etwas macht ein Hamster nicht!".

Und Du denkst Dir: „Stimmt! Ich bin ja auch kein Hamster, sondern habe es nur früher geglaubt zu sein".

Es ist aber auch letztlich egal, was das alte Umfeld sagt.

Du allein weißt jetzt, was Du bist (...und vielleicht die, die so sind wie Du).

Mit diesem neuen Selbstgefühl und dem neuen Umfeld kannst Du Dich neu ausrichten.

Aber Vorsicht, schnell hast Du Dich dabei wieder in ein Hamsterrad begeben, ohne es zu merken!

Deshalb: Hinterfrage Dich von Zeit zu Zeit und überlege mal, ob Du wieder in einem Hamsterrad bist und wenn ja, ob Du drinbleiben möchtest.

Du fragst Dich auch vielleicht, ob Du die Entwicklung und den „Rauswurf" hättest verhindern können – so eine Reaktion einer Organisation ist in gewissem Maße vorhersehbar, doch leider bist Du oft zu verstrickt in das Alltagsgeschäft, als dass Du bestimmte Entwicklungen mitbekämst, oder Du provozierst unbewusst die Reaktion.

Wenn Du Glück hast, erhältst Du Warnungen und kommst dann in die gute Lage, dem Ganzen zuvorzukommen und selbst zu handeln.

Wenn Du Pech hast, erwischt es Dich kalt und dann ist es wichtig, diese Kränkung zu verarbeiten und mit dem Geschehenen abzuschließen.

Gräme Dich nicht, schüttele Dich und richte Dich wieder auf!

Die Verletzungen heilen, und wenn Du Dich mit der Situation auseinandersetzt und aus den Vorkommnissen lernst, wird es Dir in Zukunft nicht mehr passieren.

Dass auch Dir so etwas durchaus passieren kann und man es für sich nicht kategorisch ausschließen kann, zeigt unsere Erfahrung: Wir kennen kaum eine erfahrene Führungskraft, der es nicht in der einen oder anderen Form auch widerfahren ist.

Wenn wir uns über diese Themen untereinander austauschen, stellen wir immer wieder fest, dass der wichtigste Schritt der aus der Enttäuschung heraus ist.

Mit der Zeit wirst Du feststellen, dass das berufliche und auch Dein privates Leben noch so viele Entwicklungschancen bereithält und diese Erfahrung immer weniger präsent ist.

Irgendwann einmal wirst Du sie verarbeitet haben, trage sie nicht den anderen nach, diese negativen Gedanken und der permanente Ballast würden sich nur gegen Dich selbst richten.

Was noch zu sagen wäre...

Ja, es gäbe noch vieles zu sagen. Aber jetzt bist Du dran. Beantworte Dir selbst einmal folgende Fragen:

- **Habe Spaß!**

  Wie funktioniert das? Darf ich überhaupt Spaß haben? Was muss man in der Arbeitswelt tun, um Spaß zu haben? Aber was viel wichtiger ist, was musst Du tun?

- **Bewahre Dir die Leichtigkeit!**

  Was ist „leicht"? Wie kommst Du dahin und wie schaffst Du es, bei der Leichtigkeit zu bleiben? Was musst Du tun, um Dich von der Verantwortung und der Erwartungshaltung Dir gegenüber nicht erdrücken zu lassen?

- **Werte**

  Was bedeuten Werte für Dich? Wie denkst Du über Loyalität und Integrität im Arbeitsalltag? Wie kommst Du mit menschlichen Enttäuschungen zurecht? Was bedeutet für Dich eine wertebasierte Führung?

- **Führungstypen**

  Mit welchen Vorgesetzten hattest Du bislang zu tun? Hast Du Ähnlichkeiten feststellen können? Kannst Du sie sogar „kategorisieren"? Welchen Schluss lässt das auf Dich selbst zu?

- **Mitarbeitertypen**
  Welche Menschen begegnen Dir als Mitarbeiter? Gibt es Gemeinsamkeiten? Wo liegen die Unterschiede? Wie gehst Du mit den verschiedenen Typen Menschen um?

- **Erlernte Hilflosigkeit**
  Ist Dir aufgefallen, dass man Hilflosigkeit erlernen kann? Was hat das mit Dir als Chef zu tun, wenn Du gerne vieles selbst machst? Bist Du die Ursache? Wenn ja, warum? Was könntest Du tun, um das zu ändern?

- **Ideale Führungskraft**
  Möchtest Du eine ideale Führungskraft sein? Wie geht das? Was macht eine ideale Führungskraft aus? Kann man das lernen? Wird man als solche geboren?

- **Blinde Flecken**
  Was ist das? Sind es Aufgaben oder Menschen oder beides? Wie kann ich sie identifizieren? Muss man sich ihnen stellen oder darf man sie umgehen?

- **Verantwortung**
  Wofür bin ich zuständig? Komme ich mit der Verantwortung zurecht? Ist es eine Last für mich? Was kann mich bei der Last unterstützen? Was wird von mir erwartet?

- **Jung und alt**

  Wie gehe ich mit den unterschiedlichen Altersgruppen um? Soll ich eine bevorzugen? Stehe ich in der Gefahr, eine Altersgruppe zu benachteiligen?

- **Leistung**

  Wie gibt man Rückmeldungen zu Leistungen seines Personals? Wie spreche ich meine Leistungserwartungen an? Wieviel Zeit muss ich mir nehmen? Darf ich Dankbarkeit äußern? Muss ich mich für Erwartungen entschuldigen? Gilt ein Nichtbemerken als Ignorieren der Leistungen meines Personals?

- **Konflikte**

  Wie gehe ich damit um, wenn sich andauernd alle zanken und schlechte Stimmung herrscht? Was soll ich tun, wenn ich mit jemandem so gar nicht zurechtkomme? Wie gehe ich vor, wenn sich hinter meinem Rücken etwas zusammenbraut?

- **Bewerbungsgespräche**

  Wie bereite ich mich auf ein Bewerbungsgespräch vor? Wen frage ich? Wie komme ich an Informationen? Wie verhalte ich mich im Gespräch? Worauf muss ich achten?

- **Vereinbarkeit von Familie und Beruf**

  Kann ich mit meinem Beruf überhaupt Kinder bekommen? Welchen Anteil hat mein/e Partner/in an meiner Karriere? Wie kriege ich das alles unter einen Hut?

- **Das schlechte Gewissen**

  Gibt es jemals den Punkt, an dem ich mit allem zufrieden bin? Kommen alle zu ihrem Recht oder bleibt etwas auf der Strecke?

- **Gerüchte und Gerede**

  Beteilige ich mich an so etwas? Wie komme ich damit zurecht, wenn über mich geredet wird? Was tue ich, wenn es Unwahrheiten sind, die meiner Karriere schaden könnten?

- **Toter Punkt**

  Was soll ich tun, wenn mir wirklich mal die Kraft ausgeht, wenn ich keine guten Ideen mehr habe und mir scheinbar alles über den Kopf wächst?

- **Anerkennung/Zufriedenheit**

  Wie überzeuge ich Mitarbeiter von besseren Arbeitswegen/Abläufen/neuen Regelungen oder technischen Neuerungen?

- **Hoffnungen und Erwartungen**

  Welche Erwartungen habe ich an meinen Arbeitsplatz, welche an meinen Karriereverlauf? Lass ich mich von meinen Hoffnungen beeinflussen oder leiten?

Es gibt diese und noch viele andere Themen, über die wir uns mit Dir unterhalten könnten. Wir können Sie hier nicht alle ansprechen. Dieses Kapitel sollte Dir einen kleinen Ausblick geben, was man noch besprechen könnte.

Wenn Dir das Buch bis hierhin schon mal gefallen hat, freut uns das sehr!
Über die neuen Themen in diesem Kapitel werden wir im nächsten Band wei-
terschreiben.

Notizen: